C-HowTo

Programmieren lernen

mit der Programmiersprache C

Elias Fischer

Programm-Codes müssen nicht abgetippt werden,
sie können aus dem Internet kopiert werden:

www.c-howto.de

Druckversion: 1.8 (Oktober 2016)

Erstauflage 2008

Selbstverlag

ISBN: 978-3-946454-00-7

ebenfalls erhältlich im durch:

BoD – Books on Demand, Norderstedt

ISBN: 978-3-8391-8104-1

Als ich das Buch 2008 im Informatikstudium schrieb,
war es mir bei Weitem nicht bewusst,
dass dieses praxisnahe Buch
über die Jahre hinweg so an Beliebtheit gewinnt.

**Ich möchte mich deshalb bei jedem Menschen bedanken,
der das Programmieren mit diesem Buch lernt.**

Egal ob in der gedruckten Version oder
mit vielen tausend anderen im Internet.

Viel Erfolg und alles Liebe wünscht dir der Autor!

Elias Fischer

Diplom-Informatiker (FH)

//////

Bitte habe Verständnis dafür, dass ich deine
Programmierfragen nicht mehr beantworten kann.
Nutze dafür bitte die vielen Foren im Internet.
Mehr über meine heutige Tätigkeit
findest du hier: www.lebeblog.de

//////

Dieses Buch wird erfolgreich von vielen Schulen,
Fachhochschulen und Universitäten eingesetzt.

Wenn sie als Dozent das Buch selbst für ihren Unterricht nutzen wollen,
können sie sich gerne für eine Buchbestellung an mich wenden:

order@c-howto.de

Inhaltsverzeichnis

1 Einführung

Hier beginnt das C Tutorial. In diesem Kapitel werden grundlegende Begriffe zur Programmierung erläutert. Weiters wird das erste Programm in C geschrieben und gezeigt, wie das Programmieren unter Linux und Windows funktioniert.

1.1 Wozu Programmieren?

Bevor man mit dem Programmieren beginnt, sollte man natürlich auch wissen, wozu man Dinge programmiert. In diesem Lehrbuch befassen wir uns mit dem Programmieren von Computern. Ein Computer ist zuerst nur ein Haufen Silizium mit gelöteten Chips. In dieser Form ist ein Computer völlig funktionslos - er kann nichts. Ein Computer muss erst programmiert werden, bevor er einen Nutzen darstellt. Der Mensch programmiert den Computer derart, dass dieser ähnlich wie ein Hund, auf Kommandos reagiert. Wir halten also fest: Wir müssen etwas zuerst programmieren, damit etwas das macht, was wir wollen.

1.2 Was ist ein Programm?

Programmiersprache

Wenn wir einen Hund trainieren, verwenden wir die die Sprache des Menschen (wie z.B. "Sitz", "Bei Fuß"), da der Mensch nicht bellen möchte. Wenn wir einen Computer programmieren, verwenden wir eine Programmiersprache, da wir nicht in Nullen und Einsen sprechen wollen. Eine Programmiersprache ist also für Computer und Mensch verständlich. Der Mensch muss eine Programmiersprache wie eine Fremdsprache lernen. Beherrscht er sie, kann er damit ein Programm schreiben. Damit der Computer das Programm ausführen kann, übersetzt es der Computer in seine "Muttersprache" aus Nullen und Einsen. Erst dann kann es gestartet und benutzt werden.

Programm

Ein Programm ist ein Ablauf von Aktionen, um ein Ziel zu erreichen. Wollen wir ein Brot backen, so müssen wir Menschen folgendes dafür tun:

1. Alle Zutaten einkaufen (Eier, Mehl, Hefe, ...)
2. Die Zutaten zu einem Teig verarbeiten
3. Den Teig in eine Form geben und einige Zeit im Ofen backen

Dies war ein Programm für Menschen. Ein Computer-Programm besteht aus Befehlen, welche der Computer ausführen soll. Müssten wir zum Beispiel ein Programm für einen Roboter schreiben, der unser Brot backen soll, könnten die Befehle folgendermaßen heißen:

1. Prüfe ob alle Zutaten vorhanden sind
2. Wenn eine Zutat fehlt, geh diese einkaufen
3. Zerschlage das Ei in einer Schüssel
4. Gebe Mehl in die Schüssel
5. Gebe Hefe in die Schüssel
6. Gebe Wasser in die Schüssel
7. Verrühre die Zutaten in der Schüssel zu einem Teig
8. Gebe den Teig in eine Form
9. Stelle den Ofen an
10. Warte bis der Ofen 230 Grad heiß ist
11. Stelle die Form in den Ofen

Wie wir sehen, ist das Programm für den Computer wesentlich länger und detaillierter, als das Programm für den Menschen. Das liegt daran, dass der Mensch eine gewisse Intelligenz und Erfahrung besitzt, ein Computer hingegen nicht. Wir Menschen müssen uns um alles kümmern, d.h. wir müssen für den Computer jeden Schritt ganz genau angeben und alle Fehler berücksichtigen, welche passieren könnten. Für jeden Fehler muss man wiederum eine Ausweichaktion parat haben. Eine Ausweichaktion für den Fehler "das Brot zu lange im Ofen gelassen" wäre zum Beispiel, dass wir ein Brot in der Bäckerei kaufen würden.

1.3 Warum C?

Unsere Programmiersprache, mit der wir das Programmieren lernen möchten, ist C. C ist einfach aufgebaut und kann sehr viel. Deshalb ist die Sprache auch weit verbreitet und wird in den meisten Bereichen eingesetzt. Wenn man C kann, hat man es wesentlich einfacher, weitere Programmiersprachen wie C++, Java, Perl oder PHP zu erlernen, da die Sprachen gewisse Ähnlichkeiten aufweisen.

1.4 Hello World

Endlich ist es soweit - wir schreiben unser erstes Programm. Es kann zwar nicht viel, aber es gibt immerhin einen Text auf dem Bildschirm aus, nämlich "Hello World". In dem weißen Kasten sehen wir immer den Quellcode, also unser Quellprogramm, welches wir in der Programmiersprachen C erstellt haben:

```
#include<stdio.h>

int main() {
    printf("Hello World\n");
    return 0;
}
```

Wenn wir unserem Computer sagen, er solle dieses Programm ausführen, sehen wir folgendes auf dem Bildschirm. Die sogenannte Bildschirmausgabe wird hier immer in einem dunkelgrauen Kasten dargestellt.

```
Hello World
```

Das hier jetzt "Hello World" auf dem Bildschirm steht, haben wir dem Befehl **printf** zu verdanken. In dem Befehlsnamen steckt das Wort "print", was übersetzt "drucken" heißt. Dass der Befehl nun etwas auf den Bildschirm "druckt" bzw. ausgibt, ist also nicht sehr verwunderlich.

1.5 Der Anfang

1.5.1 Texteditor

Wenn wir unsere C-Programme schreiben, genügt ein einfacher Text-Editor. Von Vorteil wäre ein Syntax Highlighting Feature, welches bestimmte Textblöcke farbig darstellt. Unter Linux eignet sich Kate sehr gut dafür. Unter Windows kann man Notepad++ oder Scite verwenden.

1.5.2 Grundgerüst

Wenn man sich für einen Texteditor entschieden hat, erstellt man eine neue Datei mit der Endung ".c" und gibt das Grundgerüst ein:

```
#include<stdio.h>

int main(void) {
    return 0;
}
```

Im ersten Teil des Gerüstes binden wir die Bibliotheken mit der Anweisung **#include** ein, hier z.B. **stdio.h**. Eine Bibliothek benötigen wir, um Befehle in unserem Programm verwenden zu können. In einer Bibliothek sind Befehle zu einem bestimmten Thema dokumentiert. In der **stdio.h** sind die Standard-Befehle zur Ein- und Ausgabe enthalten, dazu aber später mehr. Danach sehen wir die Zeile **int main()**, wobei **main** unser Hauptprogramm kennzeichnet. Unser eigentliches Programm schreiben wir zwischen den geschweiften Klammern **{ }**. Im Grundgerüst haben wir momentan nur einen Befehl stehen: **return 0;**, dieser wird auch später erklärt. Wichtig hierbei ist, dass wir alle Befehle mit einem **;** (Strichpunkt) abschließen. Die Wörter **int** und **return** sind sogenannte Schlüsselwörter, d.h. sie gehören zum Wortschatz der Programmiersprache. Immer wenn wir sie verwenden, nehmen wir eine spezielle Funktion der Programmiersprache in Anspruch. Im Kapitel 1.6 Compiler wird erklärt, wie man das Programm ausführt.

1.6 Compiler

Wie wir bereits gelernt haben, gibt es Programmiersprachen, weil wir die Sprache des Computers (Nullen und Einsen) nicht effektiv beherrschen können. Wir schreiben deshalb unser Programm in einer Programmiersprache, auch Hochsprache genannt. Diese wird jedoch nicht vom Computer verstanden und muss also in Nullen und Einsen übersetzt werden. Dies ist Aufgabe des **Compilers**:

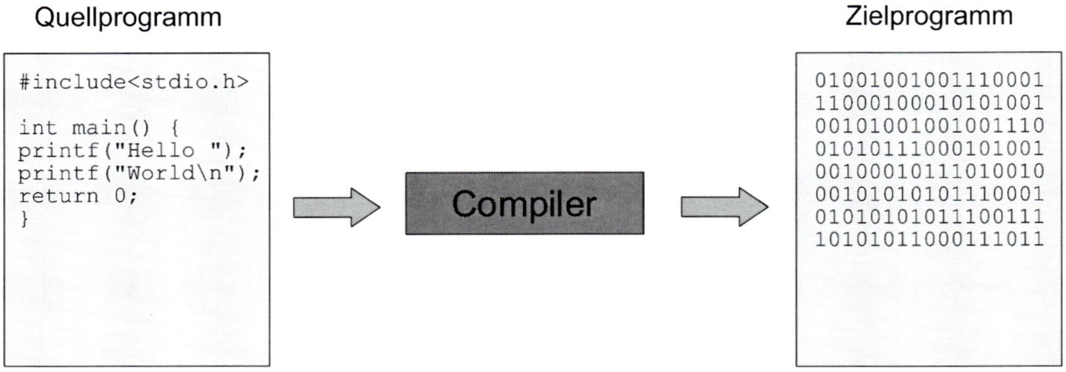

Illustration 1: Arbeitsweise eines Compilers

Der Inhalt des Zielprogramms besteht nur aus zwei unterschiedlichen Zeichen ("0" und "1"), deshalb nennt man es auch Binärprogramm (binär, lat. "aus zwei Einheiten bestehend"). Im Englischen würde man es "binaries" oder "excuteable" (ausführbar) nennen. Das Quellprogramm nennt man auch Quelltext oder Quellcode; im Englischen "Source", "Source Files" oder "Source Code ("Source" = Quelle, "File" = Datei).

1.6.1 Aufgaben des Compilers

Beim Übersetzungsvorgang, auch "Kompilierung" genannt, hat der Compiler die im Folgenden genannten Aufgaben. Die Fehler die dabei auftreten können, werden anhand des Programmbeispiels "Hello World"- Programm veranschaulicht.

- **Lexikalische Analyse**: Hier zerteilt der Compiler, die Wörter und Zeichen des Quellprogramms in verschiedene Klassen. So würde der printf-Befehl z.B. in 2 Klassen unterteilt werden. Zum einen "printf" als Befehl und zum anderen "Hello World" als Zeichenkette. Überflüssige und fehlende Zeichen werden hier als Fehler erkannt, z.b. wenn eine Zeichenkette nicht wieder geschlossen wird: "Hello World.
- **Syntaktische Analyse**: Hier wird die Grammatik unseres Quellprogramms geprüft. Würden wir statt "printf("hello");" nur "printf "hello";" schreiben, ist das ein Fehler.
- **Semantische Analyse**: Hier wird geprüft, ob unser Quellprogramm überhaupt einen Sinn ergibt. Unser printf Befehl z.B., benötigt einen Text, den er ausgeben kann. Geben wir ihm aber nur eine Zahl, wie "printf(4711);" oder würde wir statt "printf" nur "print" schreiben, wäre das falsch.

Findet der Compiler einen Fehler, wird die Kompilierung abgebrochen. Der Compiler gibt die Fehlermeldungen mit Zeilennummern aus, so hat man es nicht ganz so schwer die Fehler in seinem Programm zu finden.

1.6.2 Linux

Wenn wir ein fertiges Quellprogramm haben, ist es ein Leichtes dieses unter Linux zu kompilieren. Man benötigt ein Terminalfenster (Shell) und wechselt in das Verzeichnis, in dem das C-Script liegt. Nehmen wir an, es heißt "hello.c", so geben wir folgendes ein:

```
# gcc hello.c
```

Danach sollte bei erfolgreicher Komiplierung eine neue Datei namens "**a.out**" im gleichen Verzeichnis liegen. Das ist nun unsere Binärdatei, welche wir ausführen können. Dies geht mit:

```
# ./a.out
```

Hätte man jetzt unser "Hello World"-Programm kompiliert und ausgeführt, würde der Text "Hello World" am Bildschirm erscheinen. Beim Kompilieren kann man auch direkt einen Namen für die Ausgabedatei festlegen, sodass diese nicht immer "a.out" heißt. Hier würde die Ausgabedatei "hello" heißen:

```
# gcc hello.c -o hello
```

1.6.3 Windows und Mac OS

Früher habe ich hier den Compiler DevC++ vorgestellt. Dieser funktioniert jedoch nur bis zur Windows-Version XP. Ab Vista gibt es nur noch Probleme damit. Wenn du diese alte Programmierumgebung nutzen willst, findest du hier eine Anleitung dazu:

`http://www.c-howto.de/devcpp`

Ich empfehle dir jedoch, für ein problemfreies Programmieren lieber gleich die Programmierumgebung CodeBlocks zu verwenden. CodeBlocks läuft nicht nur unter <u>allen</u> Windows-Versionen, sondern auch unter Linux und Mac OS!

Den kostenlos Download und ein Einführungsvideo in Codeblocks findest du auf der Webseite:

`http://www.c-howto.de/codeblocks`

Natürlich kannst du auch eine beliebige andere Umgebung zum Programmieren nutzen. Die Code-Beispiele in diesem Buch sind dafür anpassbar.

1.6.4 C-HowTo Code-Beispiele

Die Beispiele in diesem HowTo wurden für Linux verfasst, sie sind aber auch mit einer Ausnahme unter Windows lauffähig. Damit man wie schon erwähnt die Bildschirmausgabe sieht, sollte beim Kompilieren mit Dev-C++ immer **zusätzlich** die Zeile **system("PAUSE");** am Programmende vor die **return** Anweisung gesetzt werden.

```
    ...
    system("PAUSE");
    return 0;
}
```

1.7 Kommentare

Eine wichtige und grundlegende Sache bei der Programmierung sind die Kommentare. Wird ein Programm komplexer, verliert man schnell die Übersicht. Schaut man sein Programm nach ein paar Monaten nochmals an, weiß man auf Anhieb gar nicht mehr, was es eigentlich macht. Kommentare sollen helfen, komplizierte Programmabschnitte kurz und prägnant zu erklären. Kommentare werden vom Compiler komplett ignoriert, da sie nur für den Menschen eine Funktion haben. In den Kommentaren gelten also keinerlei Schreibrichtlinien.

1.7.1 Einzeilige Kommentare

Ein einzeiliger Kommentar wird durch einen Doppel-Slash gemacht.

```
#include<stdio.h>

int main() {
    // Hier wird ein Text ausgegeben:
    printf("Hello World\n");
    return 0;
}
```

1.7.2 Mehrzeilige Kommentare

Mehrzeilige Kommentare sind sinnvoll, wenn man eine längere Beschreibung in den Quelltext packen möchte. Zudem kann man größere Blöcke im Quelltext schnell auskommentieren, sodass diese vom Compiler nicht mehr verarbeitet werden, dies kann bei einer Fehlersuche hilfreich sein. Der mehrzeilige Kommentar wird mit **/*** eingeleitet und endet mit ***/**. Alles was dazwischen steht, wird vom Compiler ignoriert.

```
/*
    Hier beginnt
    ein langer Kommentar
    und hier
    endet es
*/

#include<stdio.h>

int main() {
    /*
    printf("Hello ")
    printf("World\n");
    */

    // Hier wird ein Text ausgegeben:
    printf("Servus\n");

    return 0;
}
```

Hier wird nun nicht wie erwartet "Hello Word" ausgegeben, sondern "Servus".

1.8 Binärsystem

Der Umgang mit dem binären Zahlensystem gehört zum Allgemeinwissen eines Informatikers und trägt zum Verständnis der Computer-Materie bei. Das Binärsystem wird auch Dualsystem oder Zweiersystem genannt. Der Name kommt daher, dass dieses Zahlensystem nur zwei verschiedene Ziffern für die Darstellung von Zahlen verwendet: **0** und **1**. **Null** ist **0** und **Eins** ist **1**, aber was ist **Zwei**? Da wir nun keine Ziffern mehr zur Verfügung haben, müssen wir durch die Position der 0- und 1-Ziffern weitere Zahlen darstellen. Hier sind die Zahlen von 1 bis 10 im dezimalen Zahlensystem und den zugehörigen Binärwerten dargestellt. Binärzahlen können auch mit führenden Nullen aufgefüllt werden, dies ändert den Wert nicht (0001 = 1).

```
dez   binär

0         0
1         1
2        10
3        11
4       100
5       101
6       110
7       111
8      1000
9      1001
10     1010
```

1.8.1 Umrechnung Binär nach Dezimal

Der Binärwert **10** steht also für die **Zwei**. Zur Umrechnung in einen dezimalen Wert kann untere Skala hilfreich sein. Wir sehen, dass die Skala von rechts nach links mit Zweier-Potenzen von 2 hoch 0 bis 2 hoch 7 steigt. Darunter sehen wir den jeweiligen Dezimalwert. Nun legen wir die den Binärwert **10** an das rechte Ende, was der Anfang der Skala ist, sodass die 0 bei 2^0 und die 1 bei der 2^1 ist. Jetzt müssen nur noch alle Werte addiert werden, an denen eine **1** steht, was hier nur **2^1** ist, also 2. Für die Zahl Zehn ist der Binärwert **1010**, sodass eine **1** an **2^3** und **2^1** steht, 8 + 2 ist 10.

```
2^7    2^6    2^5    2^4    2^3    2^2    2^1    2^0

128    64    32     16     8      4      2      1
```

1.8.2 Umrechnung Dezimal nach Binär

Für die umgekehrte Umrechnung kann ebenfalls die Skala verwendet werden - oder das Horner-Schema. Hierbei teilen wir die Dezimalzahl und notieren den Rest, dann wird das Ergebnis wieder geteilt und der Rest notiert. Dies geschieht solange die zu teilende Zahl Null ist. Danach ergibt der Rest von unten nach oben gelesen die Binärzahl.

```
Bsp. 1: 6 dezimal zu binär

6 : 2 = 3 Rest 0
3 : 2 = 1 Rest 1
1 : 2 = 0 Rest 1

Ergebnis: 110


Bsp. 2: 23 dezimal zu binär

23 : 2 = 11 Rest 1
11 : 2 =  5 Rest 1
5  : 2 =  2 Rest 1
2  : 2 =  1 Rest 0
1  : 2 =  0 Rest 1

Ergebnis: 10111
```

1.9 Hexadezimalsystem

Das Binärsystem hat die Basis 2 und besteht somit aus zwei verschiedenen Ziffern. Das Hexadezimalsystem hat die Basis 16 und besteht somit aus 16 verschiedenen Ziffern. Mit den Dezimalzahlen 0 bis 9 können wir bereits 10 Ziffern darstellen, für die restlichen 6 Ziffern werden die ersten Buchstaben des Alphabets verwendet.

```
dez  hex

0    0
1    1
2    2
3    3
4    4
5    5
6    6
7    7
8    8
9    9
10   A
11   B
12   C
13   D
14   E
15   F
```

1.9.1 Umrechnung Hexadezimal nach Dezimal

Für die Berechnung von Zahlen zwischen den Zahlensystemen wird wieder die Skala verwendet, wobei wir beim Hexadezimalsystem die Basis 16 verwenden. Möchte man **E7** hex nach Dezimal umrechnen, geschieht dies über 14 * 16^1 + 7 * 16^0 = 14 * 16 + 7 * 1 = 224 + 7 = 231. In der oberen Tabelle ist zu sehen, dass E für den dezimalen Wert 14 steht.

```
16^4     16^3     16^2     16^1     16^0

65536    4096     256      16       1
```

1.9.2 Umrechnung Dezimal nach Hexadezimal

Für die Umrechnung von Dezimal nach Hex kann wieder das Horner-Schema verwendet werden, nur dass dann nicht durch 2 sondern durch 16 geteilt wird. Um hexadezimale Zahlen erkenntlich zu machen sind folgende Schreibweisen üblich: E7 hex, E7h, E7H und 0xE7. In der C-Programmierung verwenden wir die Schreibweie beginnend mit "Null x", also z.B. 0xE7.

1.10 Bits und Bytes

1.10.1 Bits

Ein Bit (binary digit) ist die kleinste darstellbare Maßeinheit für Informationen. Als **binary digit** steht es für **eine** Speicherstelle für einer Binärzahl. Die Binärzahl **1010** hat demnach 4 Bits. Da ein Bit nur die zwei Zustände (0 und 1) darstellen kann, ist durch **n** Bits die Darstellung von **2^n** verschiedenen Binärzahlen möglich. Bei 2 Bits ergibt das 2^2 = 4 verschiedene Zahlen bzw. Zustände: 00, 01, 10 und 11.

1.10.2 Bytes, Kilobytes und Megabytes

Dies sind größere Maßeinheiten, welche auf Bits basieren. Im Sprachgebrauch und in den meisten Fällen ist mit **1 Byte** gleich **8 Bits** gemeint. Die Übertragungsgeschwindigkeiten von Internet-Providern werden zum Beispiel immer in Bit angegeben. Demnach entspricht eine Geschwindigkeit von 256 kBit/s also 32 kByte/s; der Wert wird einfach durch 8 geteilt.

Bei der Umrechnung zwischen Byte, Kilobyte & Co wird in der Computertechnik der Faktor 1024 verwendet. In den Klammern ist auch die gebräuchliche und standardisierte Abkürzung für die Maßeinheit angegeben - die Groß- und Kleinschreibung ist hierbei relevant.

```
1 Byte              =  8 Bit
1 Kilobyte (kB)     =  1024 Bytes
1 Megabyte (MB)     =  1024 Kilobytes
1 Gigabyte (GB)     =  1024 Megabytes
1 Terabyte (TB)     =  1024 Gigabytes
1 Petabyte (PT)     =  1024 Terabytes
1 Exabyte (EB)      =  1024 Petabytes
1 Zettabyte (ZB)    =  1024 Exabytes
1 Yottabyte (YB)    =  1024 Zettabytes
```

Nach dem Internationalen Einheitensystem (SI) ist der Umrechnungsfaktor jedoch 1000. Dies machen sich Festplattenhersteller zu nütze, welche diesen Faktor bei der Angabe der Festplattenkapazität verwenden. Demnach sind 250 GB nicht 250 * 1024 = 256.000 MB, sondern 250.000 MB. Man muss also mit weniger rechnen, als angegeben ist.

2 Variablen

Stelle dir vor, du hast einen Freund names Kurt. Kurt ist ein Mensch, der ständig in der Weltgeschichte herumreist. Kurt meldet sich regelmäßig und teilt dir bei einem Ortswechsel seine neue Telefonnummer mit, unter der er gerade erreichbar ist. Du hast ein Notizbuch, in dem du dir wichtige Informationen vermerkst. Die Seiten sind nummeriert und nicht sehr groß, deshalb notierst du dir immer nur eine Information pro Seite. Jeder Information bzw. Seite gibst du einen Namen, damit du nicht vergisst, was es mit der Information auf sich hat.

Kurt ruft dich nun eines abends an und teilt dir mal wieder seine neue Telefonnummer mit. Du blätterst zur Seite mit dem Namen "Kurt's Telefonnummer". Da du weißt, dass sich seine Telefonnummer öfters ändert, hast du diese mit Bleistift notiert. Du radierst also seine alte Nummer weg und schreibst seine neue auf. Als ordentlicher Mensch notierst du dir noch mit einem Kürzel die Art der Information. Da es sich um eine Telefonnummer handelt, hattest du dir bereits das Kürzel "Tel" notiert.

In der Programmierung benötigen wir auch Notizen. Nehmen wir an, wir benötigen von dem Benutzer, der unser Programm bedient, ebenfalls seine Telefonnummer. Diese Tastatur-Eingabe müssen wir uns irgendwo notieren bzw. zwischenspeichern. Hierfür verwenden wir eine Variable. Der Computer hat einen temporären Speicher, den sogenannten RAM (Random Access Memory); dort werden die Variablen "gespeichert".

- Wie die Seitenzahl des Notizbuches, so hat eine Variable eine Adresse im Speicher
- Wie der Name einer Seite des Notizbuches, so hat eine Variable ebenfalls einen Namen
- Wie die Information auf einer Seite des Notizbuches, so hat die Variable einen Wert
- Wie die Art der Information auf einer Seite des Notizbuches, so ist die Variable von einem bestimmten Datentyp

Hier sehen wir nun ein kleines Programm, welches eine Variable mit dem Namen **telnummer** erstellt. Diese Variable ist vom typ **int**, das steht für "integer" und heißt übersetzt "ganzzahlig". Wir können in dieser Variablen also ganze Zahlen (keine Kommazahlen und keine Buchstaben) speichern. In diesem Beispiel setzen wir den Wert auf "225678" - was eine kurze Telefonnummer darstellen soll. Danach ändern wir den Wert auf "886547". In der nächsten Zeile geben wir den aktuellen Wert auf dem Bildschirm aus.

```
#include<stdio.h>

int main() {
    int telnummer;
    telnummer = 225678;
    telnummer = 886547;
    printf("Telefonnummer: %d\n", telnummer);
    return 0;
}
```

```
Telefonnummer: 886547
```

Das "Erstellen" von Variablen ist besser unter dem Begriff **Deklaration** bekannt.

2.1 Datentypen

Im Folgenden werden die elementaren Datentypen vorgestellt, welche wir in der Programmierung, im Besonderen mit der Arbeit mit Variablen brauchen. Datentypen dienen der besseren Ordnung in einem Programm und ermöglichen eine effektive Nutzung des Speicherplatzes. Bei der Wahl des richtigen Datentyps spielen folgende Überlegungen eine wichtige Rolle:

Was möchte ich speichern oder verarbeiten?

- Zeichen
- Text
- Zahl
- Kommazahl

Datentypen haben unterschiedliche Verwendungsformen. So kann der Datentyp **ganze Zahl** z.B. keine Buchstaben und keine Kommazahlen speichern, sondern nur ganze Zahlen. Mit dem Datentyp **Zeichen** kann man nur Buchstaben und Zeichen speichern, folglich lassen sich keine mathematischen Rechenoperationen (wie z.B. Wurzel ziehen) damit ausführen.

Bezüglich Zahlen: Wie groß kann die Zahl werden?

- kleine Zahl
- mittelgroße Zahl
- große Zahl

Datentypen haben unterschiedliche Wertebereiche. Der Wertebereich sagt aus, welche Zahlen dieser Datentyp speichern kann. Je nach dem, ob man eher kleine Zahlen bis 65535, etwas größere bis 4.294.967.295 oder ganz große Zahlen mit 20 Stellen speichern muss, wird der Datentyp entsprechend ausgesucht.

2.1.1 Zeichen

char

Wie der Name **char** schon sagt, können wir damit Zeichen speichern. Welche Zeichen es gibt, ist mittels der ASCII-Tabelle festgelegt (siehe Seite 138). Sie ist standardisiert und somit für alle Computer gleich. Aus der Tabelle erkennen wir, dass jedes Zeichen einen Code besitzt. So hat z.B. das Zeichen "A" den Code 65. Im nächsten Code-Beispiel erstellen wir eine **char** Variable mit den Namen **zeichen**. Diese setzen wir zuerst auf den Wert "A" mittels dem Zeichen selbst, hierfür muss das Zeichen in einfachen Hochkommas ' gestellt sein. In der nächsten Zeile verändern wir den Wert mittels dem ASCII-Code 66, was einem "B" entspricht.

```
#include<stdio.h>

int main() {
    char zeichen;
    zeichen = 'A';
    zeichen = 66;
    printf("Zeichen: %c\n", zeichen);
    return 0;
}
```

```
Zeichen: B
```

Es ist auch noch zu sagen, dass wir pro **char** Variable nur ein Zeichen speichern können.

2.1.2 Ganze Zahlen

short

Der Datentyp für kleine Zahlen heißt **short**. Dieser hat laut Standard eine Größe von 16 Bit, was einem Wertebereich von -32.767 bis +32.768 entspricht. Wollen wir nur positive Zahlen speichern und benötigen somit kein Vorzeichen, verschiebt sich der negative Bereich in den Positiven. Eine vorzeichenlose Variable erhält man mit einem zusätzlichen Schlüsselwort **unsigned**, für short z.B. **unsigned short**. Somit hat **unsigned short** einen Wertebereich von 0 bis 65.535. Überschreiten wir den Wertebereich an einem Ende, so beginnt er wieder am anderen Ende. Dies soll in dem nächsten Beispiel verdeutlicht werden.

```
#include<stdio.h>

int main() {
    // kleine Zahl mit Vorzeichen deklarieren (erstellen)
    short kleineZahl;

    // kleine Zahl auf Grenzwert setzen
    kleineZahl = 32768;

    // eins hochzählen, also 32768+1, was eigentlich 32769 ergibt
    kleineZahl++;
```

```
    // kleineZahl ausgeben
    printf("Wert von kleineZahl: %d\n", kleineZahl);

    return 0;
}
```

```
Wert von kleineZahl: -32767
```

int

Mit dem Schlüsselwort **int** erstellen wir Variablen gewöhnlicher Größe. Diese Variante wird auch am Meisten verwendet. Laut Standard hat dieser Datentyp mindestens 16 Bit, bei einem 32-Bit Prozessor jedoch 32 Bit. Daraus ergibt sich ein Wertebereich von -2.147.483.647 bis +2.147.483.647, bei fehlendem Vorzeichen von 0 bis 4.294.967.295.

long

Für sehr große Zahlen verwenden wir **long** bzw. **long long**. Laut Standard hat long mindestens 32 Bit und **long long** 64 Bit - gewöhnlicherweise haben jedoch beide 64 Bit. Daraus ergibt sich ein Wertebereich von -9.223.372.036.854.775.807 bis +9.223.372.036.854.775.807, bei fehlendem Vorzeichen von 0 bis 18.446.744.073.709.551.615.

Beispiel: Verschiedene Datentypen für Zahlen erstellen

Dieses Beispielprogramm zeigt die Handhabung der Datentypen int, unsigned int und unsigned long long.

```
#include<stdio.h>

int main() {
    // Deklaration von int Variable
    int zahl;

    // Wert-Zuweisung
    zahl = -7;

    // Deklaration von int Variable ohne Vorzeichen
    unsigned int zahl2;

    // Deklaration von long long Variable ohne Vorzeichen
    unsigned long long grosseZahl;

    return 0;
}
```

Beispiel: Größe von Datentypen berechnen

Das folgende Beispielprogramm bietet sich an, wenn man nachschauen möchte, welche tatsächlichen Speichergrößen für die einzelnen Integervarianten vom eigenen Computer reserviert werden. Man übergibt dafür dem sizeof() Befehl den Datentyp und man erhält die Speichergröße in Byte. Da wir hier jedoch von Bits reden, wird der Rückgabewert noch mit 8 multipliziert, denn 8 Bits sind 1 Byte (s. Kapitel 1.10 Bits und Bytes). Statt der hier übergebenen int-Typen short, int, long und long long, kann man auch alle anderen Datentypen übergeben. In späteren Kapiteln wird noch näher auf den sizeof() Befehl eingegangen, deshalb muss man den Quellcode an dieser Stelle noch nicht ganz verstehen; von Bedeutung ist hier nur die Programmausgabe.

```
// Dieses Programm gibt die Größen der Datentypen in Bit aus

#include<stdio.h>

int main() {
    printf("short:      %2d Bit\n", sizeof(short)*8);
    printf("int:        %2d Bit\n", sizeof(int)*8);
```

```
    printf("long:       %2d Bit\n", sizeof(long)*8);
    printf("long long:  %2d Bit\n", sizeof(long long)*8);
    return 0;
}
```

```
short:       16 Bit
int:         32 Bit
long:        32 Bit
long long:   64 Bit
```

2.1.3 Kommazahlen

Wie bei den ganzen Zahlen gibt es bei den Kommazahlen, auch Fließkommazahlen genannt, unterschiedliche Varianten - je nach benötigter Größe:

- **float** mit 32 Bit
- **double** mit 64 Bit
- **long double** mit 80 Bit

Die genauen Grenzen der Wertebereiche sind von System zu System unterschiedlich. Das Deklarieren dieser Variablen erfolgt analog. Das Schlüsselwort **unsigned** kann hier ebenfalls verwendet werden. Bei der Zuweisung können wir jetzt natürlich auch Kommazahlen verwenden, wobei unser deutsches Komma dort immer mit einem Punkt dargestellt wird.

```
#include<stdio.h>

int main() {
    // Deklaration von normalgroßer Kommazahl
    float kommazahl;

    // Wert zuweisen
    kommazahl = 12.3456;

    // Ausgabe
    printf("Kommazahl: %f", kommazahl);

    return 0;
}
```

```
Kommazahl: 12.3456
```

2.2 Deklaration & Co

2.2.1 Deklaration

Mit der Deklaration bennenen wir eine Variable und machen diese dem Compiler bekannt. D.h. der Compiler weiß nun, ob wir uns im Laufe unseres Programms beim Eintippen des Variablennames vertippt haben. Da jeder Variablenname eines Datentyps eindeutig sein muss, kann der Compiler auch den Fehler abfangen, wenn versucht wird, zwei Variablen mit dem gleichen Typ und gleichen Namen zu deklarieren.

2.2.2 Definition

Unter der Definition versteht man, dass einer Variablen ein Speicherbereich zugeteilt wird. Der Speicherbereich hat eine eindeutige Adresse und dient dazu, Werte abspeichern zu können. Mit dem Variablennamen sprechen wir im Prinzip nur einen Speicherbereich an. Eine Deklaration ohne Definition werden wir im Kapitel Zeiger kennenlernen. Unsere bisherige Art und Weise Variablen zu "erstellen", ist eine Deklaration und Definition:

```
// eine Variable erstellen
int zahl;

// mehrere Variablen erstellen
int a, b, c;
```

Der Übersicht halber verzichten wir von nun an bei solch kleinen Programmbeispielen auf das Grundgerüst.

2.2.3 Initialisierung

Haben wir eine Variable deklariert und definiert, so hat sie einen beliebigen Wert - je nach dem was gerade im zugewiesenen Speicherbereich steht. Da wir mit solch einem Zufallswert nicht arbeiten wollen, können wir mittels Initialisierung die Variable auf einen initialen Anfangswert setzen. Variablen sollten immer initialisiert werden, um zu vermeiden, dass mit einem Zufallswert gearbeitet wird.

```
// Initialisierung
int a=1, b=2, c=a+b;
```

Hier wird einfach die Deklaration um eine Zuweisung ergänzt, wobei a mit 1, b mit 2 und c mit der Summe von a und b initialisiert wird. D.h. wir weisen ihnen einen Wert zu. Folgendes Programmbeispiel ist **keine Initialisierung**, da die Zuweisung nicht in der Deklaration erfolgt. Die Variablen haben danach aber trotzdem den gleichen Wert.

```
// keine Initialisierung
int a, b, c;
a=1;
b=2;
c=a+b;
```

2.2.4 Unveränderliche Variablen

Wir haben auch die Möglichkeit festzulegen, ob der Wert einer Variablen nach der Deklaration und Initialisierung verändert werden darf oder nicht. Mithilfe des Schlüsselwortes **const** machen wir also Variablen invariabel.

In dem Programmbeispiel werden zwei **const**-Variablen erstellt. Die erste namens raeder steht für die Anzahl der Räder eines Autos. Da ein Auto üblicherweise immer vier Räder hat, wird die Variable auf 4 gesetzt und mit **const** unveränderlich gemacht, da wir nicht wünschen, dass jemand die Anzahl der Räder verändert. Wird später im Quellcode versucht den Wert einer **const**-Variablen zu ändern, bringt der Compiler einen Fehler.

```
// unveränderliche Variable
const int raeder = 4;

// Hier bringt der Compiler einen Fehler oder eine Warnung
raeder = 5;
```

2.3 Namensgebung

Die Namensgebung von Variablen sollte wohl überlegt sein. So wäre es gut, wenn der Name eine gewisse Aussagekraft hat, damit man selbst und andere den Programm-Code leichter verstehen können. Der C-Standard schreibt einem dazu noch folgende Regeln zur Benennung vor:

- Der Name darf nur aus Buchstaben, Ziffern und dem Unterstrich _ bestehen.
- Das erste Zeichen muss ein Buchstabe oder der Unterstrich _ sein.
- Groß- und Kleinschreibung ist relevant, d.h. "zahl" und "Zahl" ist nicht dasselbe.
- Der Name darf kein Schlüsselwort sein.

Wollen wir aussagekräftige Namen verwenden, so sind wir meist gezwungen mehrere Wörter in den Namen zu packen. Da wir kein Leerzeichen verwenden dürfen, stehen uns folgende Möglichkeiten zur Trennung der Wörter zur Verfügung. Diese Variable soll z.B. den aktuellen Preis für Kartoffeln darstellen:

```
float preisKartoffeln = 0.89;

float PreisKartoffeln = 0.89;

float Preis_Kartoffeln = 0.89;

float preis_kartoffeln = 0.89;
```

Heutzutage beginnt man die Namen für Variablen üblicherweise mit einem Kleinbuchstaben und realisiert die Trennung mittels Groß- und Kleinschreibung (siehe erste Variante). Die letzte Variante findet man meistens in alten Programmen oder bei der Hardwareprogrammierung.

2.4 Operatoren

2.4.1 Zuweisung

Den einfachsten Operator = haben wir bereits aus den bisherigen Beispielen kennengelernt, er setzt eine Variable auf einen bestimmten Wert. Auf der linken Seite von = muss also eine Variable stehen, auf der rechten Seite ein Ausdruck, z.B. ein konstanter Wert, eine Formel, oder eine Variable.

```
int a, b;

// Zuweisung eines konstanten Wertes, a ist 1
a = 1;

// Zuweisung eines Variablenwertes, b ist 1
b = a;
```

2.4.2 Inkrement & Dekrement

Wollen wir den Wert einer Variablen um eins erhöhen oder erniedrigen, empfiehlt es sich die Inkrement- und Dekrement-Operatoren zu nutzen. Im folgendem Beispiel erledigen wir das Inkrementieren und Dekrementieren mit und ohne Inkrement- und Dekrement-Operatoren, um den praktischen Vorteil zu erkennen.

```
int a=0, b=0;

// a mit Inkrement-Operator hochzählen
a++;

// b ohne Inkrement-Operator hochzählen
b = b + 1;

// a dekrementieren, a ist wieder 0
a--;

// b ohne Dekrement-Operator dekrementieren
b = b - 1;
```

Bei der Zuweisung gibt es mit ++ und -- noch eine Besonderheit:

```
int a,  b=0;

// Erst Zuweisung, dann Inkrement, a ist 0, b ist 1
a = b++;

// Erst Inkrement, dann Zuweisung, a ist 2, b ist 2
a = ++b;
```

2.4.3 Rechenoperatoren

Für das Rechnen stehen uns die folgenden bekannten Operatoren zur Verfügung:

- Addition: +
- Subtraktion: -
- Multiplikation: *
- Division: /
- Modulo (Rest): %

Wenden wir die Multiplikation und Division auf **int** Variablen an, welche bekanntlich nur ganze Zahlen speichern können, wird automatisch gerundet. Der Nachkommateil wird hierbei einfach weggeschnitten, d.h. aus 2.1, 2.5 und 2.9 wird einfach 2.

```
int a=0, b=2, c=5;

a = b + c;  // a ist 7
a = b - c;  // a ist -3
a = c / b;  // a ist 2
a = c * b;  // a ist 10

// Rest aus Division berechnen
a = c % b;  // 5 / 2 ist 2 Rest 1, a ist 1
a = c % 3;  // 5 / 3 ist 1 Rest 2, a ist 2

// Prioritäten mit Klammern setzen
a = 1 + b * c;     // Punkt vor Strich, a ist 11
a = (1 + b) * c;   // 1+2 ist 3, 3*5 ist 15, a ist 15
```

Möchte man den bisherigen Wert der Zielvariable mit verwenden, so kann man auch eine Kurzschreibweise für alle Rechenoperatoren verwenden. Hierfür wird der Operator vor die Zuweisung gesetzt.

```
int a=1, b=2;

a += 1;       // wie a=a+1 oder a++, a ist 2
a += b * 4;   // a ist 10
a /= 2;       // a ist 5
a %= 2;       // a ist 1
```

2.5 Bitmanipulation

In diesem Teil werden wir nicht mit den Zahlen an sich arbeiten, sondern mit den Binärwerten, welche die Zahlen im Speicher repräsentieren. Im Folgenden werden also Operatoren vorgestellt, welche Bitwerte verknüpfen.

2.5.1 AND – UND Verknüpfung

Bei der bitweisen **UND**-Verknüpfung hat das Ergebnis an den Stellen eine **1**, an denen beide Vergleichswerte eine **1** besitzen. Das Operatorzeichen dafür ist das einfache Kaufmanns-Und **&**. Hier werden die Zahlen 10 und 7 **UND** verknüpft. Unter der Bildschirmausgabe ist die Rechnung zu sehen, welche dieser Operator macht.

```
int a=10, b=7, c;
c = a & b;
printf("c: %d\n", c);
```

```
c: 2
```

```
Zugehörige Rechnung der UND-Verknüpfung

a: 10 dez => 1010 binär
b:  7 dez => 0111 binär

      1010
UND   0111
-----------
      0010

c: 10 binär => 2 dezimal
```

2.5.2 OR – ODER Verknüpfung

Bei der bitweisen **ODER**-Verknüpfung hat das Ergebnis an den Stellen eine **1**, an denen mindestens **einer** der beiden Vergleichswerte eine **1** besitzt. Das Operatorzeichen dafür ist das einfache Pipe-Zeichen |.

```
int a=10, b=6, c;
c = a | b;
printf("c: %d\n", c);
```

```
c: 14
```

```
Zugehörige Rechnung der ODER-Verknüpfung

a: 10 dez => 1010 binär
b:  6 dez => 0110 binär

     1010
OR   0110
-----------
     1110

c: 1110 binär => 14 dezimal
```

2.5.3 XOR - Exklusiv ODER Verknüpfung

Bei der bitweisen **XOR** Verknüpfung hat das Ergebnis an den Stellen eine **1**, an denen **entweder** der eine oder der andere Vergleichswert eine **1** besitzt. Das Operatorzeichen dafür ist das Dach-Zeichen ^.

```
int a=10, b=6, c;
c = a ^ b;
printf("c: %d\n", c);
```

```
c: 12
```

```
Zugehörige Rechnung der XOR-Verknüpfung

      1010
XOR   0110
-----------
      1100

c: 1100 binär => 12 dezimal
```

2.5.4 Negation

Bei der bitweisen Negation wird jedes Bit umgekehrt: aus 0 wird 1 und aus 1 wird 0. Das Operator-Zeichen dafür ist die Tilde ~. Der Wert 6 (0110 binär) wird zuerst negiert, dies ergibt 1001 binär, anschließend erfolgt eine UND-Verknüpfung mit 1.

```
int b=6, c;
c = 1 & ~b;
printf("c: %d\n", c);
```

```
c: 1
```

2.5.5 Bit-Verschiebung

Die Bits eines Wertes können nach links oder rechts verschoben werden. Die Bits am Rand fallen somit raus, die Stellen auf der anderen Seite werden mit Nullen aufgefüllt. Die Linksverschiebung geht mit <<, die Rechtsverschiebung mit >>. Hier wird der Wert 5 jeweils nach links und rechts um eine Stelle verschoben.

```
int b=5, c, d;
c = b << 1;
d = b >> 1;
printf("c: %d, d: %d\n", c, d);
```

```
c: 10, d: 2
```

```
b:      5 dez => 0101 binär

c:  0101 << 1 => 1010 binär => 10 dezimal
d:  0101 >> 1 => 0010 binär =>  2 dezimal
```

2.6 Typumwandlung

Wie wir gesehen haben, können wir ohne weiteres einer char Variable eine Zahl zuweisen und umgekehrt. Das liegt daran, dass char Werte intern durch Zahlen, dem ASCII-Code, dargestellt werden. Durch das einfache Zuweisen überlassen wir dem Compiler die Aufgabe des Umwandelns. Wir können die **Typumwandlung** aber auch explizit angeben. Hierbei wird der Ziel-Datentyp in Klammern vor den Wert geschrieben. Bei der expliziten Typumwandlung spricht man auch von **TypeCast**, **Cast** oder **Casting**.

```
int i;

char c = 'A';
i = (int)c;
printf("char c nach int i: %d\n", i);

i = 67;
c = (char)i;
printf("int i nach char c: %c\n", i);

float f = 2.345;
i = (int)f;
printf("float f nach int i: %d\n", i);
```

```
char c nach int i: 65
int i nach char c: C
float f nach int i: 2
```

2.7 Übung

2.7.1 Variablenwerte berechnen

Berechne von Hand in jeder Zeile die Werte der Variablen, welche sich verändern.

```
int a, b=5, c, d;

a = b / 2;
c = b % 2;
d = b << a;
b = 1 - --b;

b *= -3;
d %= 3;
c += b * d + 4;
a = --b + d++;


a=0; b=2; c=3; d=4;

a = (b + 2) * 2 * c + 1;
a = ++b * d++ * ++c * (-1);
```

2.7.2 Lösung Teil 1

Die Lösung zur Übung mit Variablen.

```
int a, b=5, c, d;

a = b / 2;          // a=2
c = b % 2;          // c=1
d = b << a;         // d=20
b = 1 - --b;        // b=-3


b *= -3;            // b=9
d %= 3;             // d=2;
c += b * d + 4;     // c=23
a = --b + d++;      // b=8, a=10, d=3


a=0; b=2; c=3; d=4;

a = (b + 2) * 2 * c + 1;     // a=25
a = ++b * d++ * ++c * (-1); // a=-48
```

3 Benutzerinteraktion

Programmieren macht erst dann richtig Sinn, wenn eine Interaktion zwischen Computer und Benutzer entsteht. In diesem Kapitel lernen wir, wie man die Ausgaben am Bildschirm im Detail anwenden kann und wie der Benutzer Eingaben in unser Programm tätigen kann.

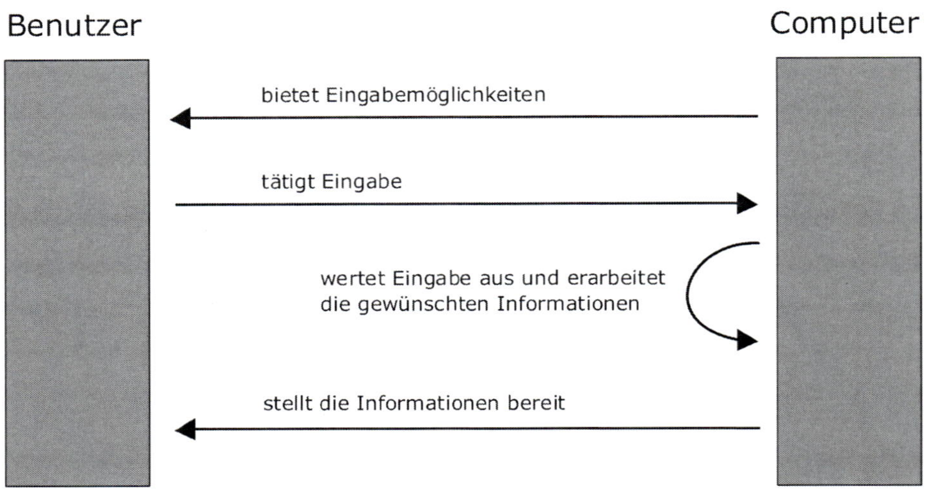

3.1 Bildschirmausgaben

In den vergangenen Beispielen haben wir bereits den **printf** Befehl für die Ausgabe von Informationen auf dem Bildschirm kennengelernt. Hier lernen wir nun, wie dieser im Detail funktioniert.

```
printf("Hello World");
```

```
Hello World
```

Der Text zwischen den Hochkommas wird also auf dem Bildschirm ausgegeben. Dieser kann mit Tabulatoren und Zeilenumbrüchen formatiert werden. Diese werden wiederum mit sogenannten Escape-Sequenzen realisiert. Escape-Sequenzen erkennt man an dem Backslash \. Damit werden besondere Zeichen markiert.

```
printf("\nZeile\tEins");
printf("\nZeile\tZwei");
printf("\nZeile\tDrei\n\tEnde");
```

```
Zeile   Eins
Zeile   Zwei
Zeile   Drei
        Ende
```

3.1.1 Ausgabe von Variablen

Wollen wir in den auszugebenden Text Variablenwerte einfügen, geht dies mit der Formatierungs-Anweisung %. Für jeden Datentyp gibt es einen eigenen Formatierungstyp. Die Formatierungs-Anweisung wird in den Text geschrieben, also zwischen die Hochkommas. Nach den Hochkommas folgen die Variablennamen mit Komma getrennt. Die Anzahl der Formatierungsanweisungen und Variablennamen muss gleich sein und die Datentypen müssen zusammenpassen.

3.1.2 Ausgabe von Zeichen

Für die Ausgabe eines einzelnen Zeichens verwenden wir den Formatierungstyp **%c**.

```
char alphabetEnde = 'X';

printf("Das Alphabet endet mit: %c\n", alphabetEnde);
```

```
Das Alphabet endet mit: X
```

3.1.3 Ausgabe von ganzen Zahlen

Der Formatierungstyp für ganze Zahlen ist **%d**. In dem ersten **printf** Befehl im folgenden Beispiel geben wir zwei Zahlen ganz normal aus. Bei der zweiten Ausgabe jedoch steht zwischen **%** und **d** eine Zahl, diese sagt, auf welche Länge der auszugebende Wert gebracht werden soll. Ist der Wert in diesem Beispiel kürzer als 10 Zeichen, so wird er mit Leerzeichen aufgefüllt, bis er die Länge von 10 Zeichen hat - was in dem Fall wesentlich besser aussieht.

```
int laenge=312500, breite=50;
printf("\nLaenge: %d cm\nBreite: %d cm\n", laenge, breite);
printf("\nLaenge: %10d cm\nBreite: %10d cm\n", laenge, breite);
```

```
Laenge: 312500 cm
Breite: 50 cm

Laenge:     312500 cm
Breite:         50 cm
```

3.1.4 Ausgabe von Kommazahlen

Zur Ausgabe von Kommazahlen verwenden wir den Formatierungstyp (hl)%f(/hl). Den Vorkommateil und Nachkommateil können wir hier ebenfalls formatieren. Mit (hl)%10.2f(/hl) legen wir die Länge der gesamten Kommazahl auf 10 Zeichen fest. Darin enthalten ist 1 Zeichen für den Punkt und 3 Zeichen für den Nachkommateil. Der Vorkommateil beträgt also 7 Zeichen. Ist der Vorkommateil kleiner als 7 Zeichen, wird dieser mit Leerzeichen aufgefüllt. Ist der Vorkommateil länger als 7 Zeichen, wird trotzdem der komplette Vorkommateil ausgeben. Nur der Nachkommateil wird abgeschnitten, wenn er länger als 2 Zeichen ist.

```
float laenge=312.5789, breite=5.6;
printf("\nLaenge: %f cm\nBreite: %f cm\n", laenge, breite);
printf("\nLaenge: %10.2f cm\nBreite: %10.2f cm\n", laenge, breite);
```

```
Laenge: 312.578888 cm
Breite: 5.600000 cm

Laenge:     312.58 cm
Breite:       5.60 cm
```

3.1.5 Weitere Formatierungen

Sollen beim Auffüllen keine Leerzeichen, sondern führende Nullen verwendet werden, erreichen wir dies mit einer Null nach **%**, also **%0**. In diesem Beispiel sind die Variablenwerte tag und monat einstellig, zweistellig wird es mit einer führenden Null.

```
int tag=3, monat=9, jahr=2007;
printf("Ein Datum: %02d.%02d.%4d\n", tag, monat, jahr);
```

```
Ein Datum: 03.09.2007
```

3.2 Tastatureingaben

Programme schreiben macht erst dann richtig Sinn, wenn der Mensch es steuern kann. Hier lernen wir nun, wie der Benutzer Daten in unser Programm eingeben kann.

3.2.1 Einzelnes Zeichen einlesen

Einzelne Zeichen einzulesen ist die einfachste Methode für eine Eingabe in ein Programm. Mit dem Befehl **getchar** wird das Programm angehalten und läuft erst weiter, wenn der Benutzer eine Taste drückt. Das eingelesene Zeichen wird in einer **char** Variable gespeichert.

```
char c;
printf("Mit welchem Buchstaben beginnt ihr Vorname? ");
c = getchar();
printf("\nIch weiss jetzt, dass Ihr Vorname mit '%c' beginnt.\n", c);
```

```
Mit welchem Buchstaben beginnt ihr Vorname? K

Ich weiss jetzt, dass Ihr Vorname mit 'K' beginnt.
```

3.2.2 Zahlen einlesen

Für Eingaben, die länger als ein Zeichen sind, verwenden wir den **scanf** Befehl. Wie beim **printf** Befehl geben wir in den Hochkommas eine Formatanweisung für den einzulesenden Datentyp an. Schreiben wir zusätzlich noch Text zu den Formatanweisungen, muss dieses Format auch genau so vom Benutzer eingegeben werden. Nach dem Komma folgen die Variablen, in welche die Eingaben gespeichert werden sollen - mit dem Unterschied, dass vor den Variablennamen ein Kaufmanns-Und **&** geschrieben wird. Was es damit auf sich hat erfahren wir später. In diesem Programmbeispiel wird lediglich eine Zahl ohne besondere Eingabeformatierung eingelesen.

```
int alter;
printf("Wie alt sind sie? ");
scanf("%d", &alter);
printf("\nIn %d Jahren sind Sie 100!\n", 100-alter);
```

```
Wie alt sind sie? 33

In 67 Jahren sind Sie 100!
```

3.2.3 Einlesen mit Eingabeformatierung

Für manche Zwecke ist es sinnvoll, die einzugebenden Information in einem bestimmten Format zu "erzwingen". Für ein Datum wäre z.B. "Tag.Monat.Jahr" angebracht. Dies entspricht drei Zahlen, welche durch Punkte voneinander getrennt sind. Eine gültige Eingabe wäre "2.5.1980", eine ungültige "2 5 1980".

```
int tag, monat, jahr;
printf("Bitte geben Sie ihr Geburtsdatum ein [TT.MM.JJJJ]: ");
scanf("%d.%d.%d", &tag, &monat, &jahr);
printf("\nIhr internationales Geburtsdatum: %04d-%02d-%02d\n", jahr, monat, tag);
```

```
Bitte geben Sie ihr Geburtsdatum ein [TT.MM.JJJJ]: 11.12.1980

Ihr internationales Geburtsdatum: 1980-12-11
```

3.2.4 Andere Datentypen einlesen

Analog zur Ausgabe verwenden wir beim Einlesen die gleichen Formatierungstypen. Mit **%c** lesen wir ein Zeichen ein, mit **%f** eine Kommazahl.

3.2.5 Eingabe ENTER im Tastaturpuffer

Alle Eingaben, die wir machen, landen zuerst im Tastaturpuffer, bevor die Zeichen von unserem Programm verarbeitet werden. Da wir unsere Eingaben mit der ENTER-Taste bestätigen müssen, landet auch dieses Zeichen im Puffer, was im folgenden Fall unerwünscht ist:

```
char a, b;

printf("\nGeben sie ein Zeichen ein: ");
a = getchar();

printf("\nGeben sie ein Zeichen ein: ");
b = getchar();

printf("Die ASCII-Codes ihrer Zeichen sind %d und %d\n", a, b);
```

```
Geben sie ein Zeichen ein: a
Geben sie ein Zeichen ein:
Die ASCII-Codes ihrer Zeichen sind 97 und 10
```

Wie wir sehen, kommen wir gar nicht zum Eingeben eines zweiten Zeichens. Der Tastaturpuffer wird bei der ersten Eingabe mit zwei Zeichen gefüllt, **a** und **ENTER**. Das Zeichen ENTER wird mit ASCII-Code 10 (Line Feed **lf**) wiedergegeben. Um das Problem zu umgehen, ist es möglich die Eingabe ENTER in einer zweiten Variable abzufangen, sodass der Tastaturpuffer geleert wird.

```
char a, b, temp;

printf("\nGeben sie ein Zeichen ein: ");
scanf("%c%c", &a, &temp);

printf("\nGeben sie ein Zeichen ein: ");
scanf("%c%c", &b, &temp);

printf("\nDie ASCII-Codes ihrer Zeichen sind %d und %d\n", a, b);
```

```
Geben sie ein Zeichen ein: a
Geben sie ein Zeichen ein: b
Die ASCII-Codes ihrer Zeichen sind 97 und 98
```

3.3 Übung

3.3.1 Taschenrechner

Schreibe ein Programm, das 2 Kommazahlen einlesen kann und daraus die Summe berechnet. Die Bildschirmausgabe könnte so aussehen:

```
Taschenrechner

Geben Sie die 1. Zahl ein: 23

Geben Sie die 2. Zahl ein: 3.33

Die Summe ergibt 26.33
```

3.3.2 Lösung Teil 1

Ein Lösungsvorschlag zur Übung Benutzerinteraktion.

```
#include<stdio.h>

int main() {
    float a, b;
    printf("Taschenrechner\n");
    printf("\nGeben Sie die 1. Zahl ein: ");
    scanf("%f", &a);
    printf("\nGeben Sie die 2. Zahl ein: ");
    scanf("%f", &b);
    printf("\nDie Summe ergibt %.2f\n", a+b);
    return 0;
}
```

4 Verzweigungen

Nachdem wir nun Informationen von dem Benutzer unseres Programms einlesen können, wäre es jetzt noch sinnvoll, entsprechend der Eingaben reagieren zu können. Je nachdem welche Eingaben das Programm erhält, verhält es sich anders. Es wird also im Programm verzweigt, um eine entsprechende Aktion auszuführen. Ein Automat ist hierfür gutes Beispiel, da er beide Interaktionsrichtungen erfüllt. Mensch bedient Automat, Automat antwortet mit Aktionen.

Stelle dir vor, du hast die Aufgabe eine Software für einen Getränke-Automaten zu schreiben. Der Automat spuckt gegen Geldmünzen Getränkeflaschen aus.

Wir werden in den nächsten Kapiteln eine sehr komfortable Software für den Automaten schreiben. Fangen wir aber zuerst klein an:

- Der Automat besitzt nur eine Sorte von Getränken.
- Ein Getränk kostet 1 Euro.
- Ein Getränk kann nur mit einem 1-Euro-Geldstück bezahlt werden.

Bei der Simulation unseres Getränke-Automaten starten wir mit der Eingabe einer Zahl vom Benutzer, welche das eingeworfene Geldstück darstellen soll. Danach müssen wir entscheiden, ob es ein 1 Euro Stück war und ein Getränk ausgegeben wird oder nicht. Der Ablauf des Programms ist in folgendem Plan dargestellt. Verzweigt wird bei der Abfrage, ob der Einwurf 1 Euro entspricht oder nicht, je nachdem wird eine andere Folgeaktion ausgeführt.

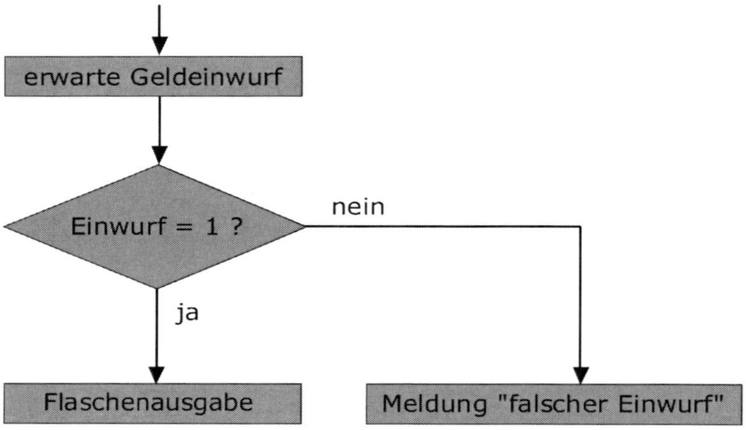

Illustration 2: Ablaufplan zur Darstellung einer Verzweigung

Hier ist nun der zugehörige Programm-Code. Das Auswerfen der Getränke simulieren wir mit einer Ausgabe am Bildschirm.

```
// Getraenke Automat Version 0.1

int einwurf=0;
printf("Getraenke Automat | Bitte werfen sie 1 Euro ein: ");
scanf("%d", &einwurf);

// überpruefe Geldstueck
if(einwurf == 1) {
    printf("\nVielen Dank, bitte entnehmen sie ihr Getraenk.\n");
}else {
    printf("\nSie haben kein 1 Euro Stueck eingeworfen.\n");
}
```

```
Getraenke Automat | Bitte werfen sie 1 Euro ein: 1

Vielen Dank, bitte entnehmen sie ihr Getraenk.
```

4.1 if und else

Eine Verzweigung innerhalb eines Programms wird durch eine Bedingung entschieden.

Wenn der Benutzer X eingibt, mache A.

Solche Entscheidungen realisieren wir mit der **if** und **else** Anweisung. Nach dem Schlüsselwort **if** folgen Klammern, in denen die Bedingung formuliert wird. Ist die Bedingung wahr, werden die Code-Zeilen zwischen den geschweiften Klammern **{ }**, auch **Block** genannt, ausgeführt. So wird in diesem einfachen Beispiel nur die Meldung "fuenf" am Bildschirm erscheinen, wenn die Variable **zahl** genau den Wert 5 hat.

```
int zahl=5;

if(zahl==5) {
    printf("fuenf\n");
}
```

```
fuenf
```

Wenn die Bedingung nicht erfüllt ist, kann man noch eine Alternative mittels **else** setzen.

```
int zahl=6;

if(zahl==5) {
    printf("fuenf\n");
}else {
    printf("nicht fuenf\n");
}
```

```
nicht fuenf
```

Möchte man verschiedene Fälle nacheinander prüfen, so kann man die **if** Anweisung schachteln.

```
int zahl=6;

if(zahl==5) {
    printf("fuenf\n");
}else {
    if(zahl==6) {
        printf("sechs\n");
    }else {
        printf("nicht fuenf und nicht sechs\n");
    }
}
```

```
sechs
```

In den Beispielen sehen wir, dass die Code-Zeilen innerhalb eines **if** Blocks, also zwischen **{ }**, eingerückt sind. Dies wird aus Gründen der Übersichtlichkeit und Lesbarkeit gemacht. Hierfür sollten **if** Anweisungen auch nicht tiefer als drei mal verschachtelt werden. Kommt nur eine Anweisung in den **if** Block, so könnte man auch die geschweiften Klammern weglassen.

```
int zahl=6;

if(zahl==5) printf("fuenf\n");
else if(zahl==6) printf("sechs\n");
else printf("nicht fuenf und nicht sechs\n");
```

4.2 Vergleichsoperatoren

Damit ein **if** Block ausgeführt wird, muss die Bedingung zwischen den Klammern **wahr** sein. Eine Bedingung ist **wahr**, wenn der Ausdruck **nicht Null** ergibt. Eine Bedingung ist **falsch**, wenn der Ausdruck **Null** ergibt.

```
if(1) printf("1 ist wahr\n");
if(0) printf("0 ist wahr\n");
if(4711) printf("4711 ist wahr\n");
if(1-1) printf("1-1 ist wahr\n");
```

```
1 ist wahr
4711 ist wahr
```

Die Bedingung kann man auch durch einen Vergleich formulieren.

4.2.1 Ist gleich und Ungleich

Ob zwei Werte gleich sind, überprüfen wir mit dem doppelten **Ist gleich** Zeichen **==**. Somit ist es klar von einer Zuweisung **=** unterscheidbar.

```
int a=5;

if(a == 5) printf("a ist fuenf\n");

if(a != 5) printf("a ist nicht fuenf\n");
```

```
a ist fuenf
```

4.2.2 Größer und Größer gleich

```
int a=5;

if(a > 5) printf("a ist groesser fuenf\n");

if(a >= 5) printf("a ist fuenf oder groesser fuenf\n");
```

```
a ist fuenf oder groesser fuenf
```

4.2.3 Kleiner und Kleiner gleich

```
int a=5;

if(a < 5) printf("a ist kleiner fuenf\n");

if(a <= 5) printf("a ist fuenf oder kleiner fuenf\n");
```

```
a ist fuenf oder kleiner fuenf
```

4.3 Logische Operatoren

Möchte man mehrere Bedingungen prüfen, kann man diese mit logischen Operatoren verknüpfen. Z.B. ob Bedingung X **und** Bedingung Y **wahr** sind.

4.3.1 Negation

Mit der Negation wird ein Wert invertiert, also umgekehrt. D.h. aus **wahr** wird **falsch** und aus **falsch** wird **wahr**. Die Negation erreichen wir mit einem einfachen Ausführungszeichen **!**.

```
int a=5;

if(!0) printf("aus falsch wird wahr, 0 -> 1\n");

if(!a) printf("aus wahr wird falsch, 5 -> 0\n");
```

```
aus falsch wird wahr, 0 -> 1
```

4.3.2 UND Verknüpfung

Mit dem logischen UND **&&** prüfen wir ob mehrere Bedingungen erfüllt sind.

```
int a=0, b=3;

if(!a && b > 1) {
    printf("a ist nicht wahr und b ist groesser 1\n");
}
```

```
a ist nicht wahr und b ist groesser 1
```

4.3.3 ODER Verknüpfung

Muss nur eine von mehreren Bedingungen erfüllt sein, verwenden wir die ODER Verknüpfung mit ||.

```
int a=0, b=1;

if(a || b) {
    printf("a oder b ist wahr\n");
}
```

```
a oder b ist wahr
```

4.3.4 Kombination der Verknüpfungen und Vergleichsoperatoren

Die Verknüpfung und Vergleichsoperatoren können auch kombiniert werden. Man beachte aber, dass dann bei UND Verknüpfungen und Vergleichsoperatoren Klammerungen notwendig sind.

```
int a=0, b=1, c=5;

if((!a && b) || c < 5 ) {
    printf("entweder ist a nicht wahr und b ist wahr, oder c ist kleiner fuenf\n");
}
```

4.4 Bedingungs-Operator

Für manche Fälle eignet es sich, eine Kurzschreibweise der **if else** Anweisung zu verwenden. Zum Beispiel, wenn die Zuweisung eines Wertes von einem Vergleich abhängig ist. Hier wollen wir z.B. zwei Werte vergleichen und den größeren zuweisen:

```
int a=3, b=5, max;

if(a > b) {
    max = a;
}else {
    max = b;
}

printf("Maximum: %d\n", max);
```

```
Maximum: 5
```

Diese **if else** Anweisung können wir durch den Bedingungs-Operator ersetzen, welcher nur eine Zeile benötigt.

```
int a=3, b=5, max;

max = (a > b)?a:b;

printf("Maximum: %d\n", max);
```

```
Maximum: 5
```

In die Klammern schreiben wir den Vergleich bzw. die Bedingung. Darauf folgt ein Fragezeichen **?** und der Teil, der ausgeführt wird, wenn die Bedingung **wahr** ist. Mit dem Doppelpunkt **:** leiten wir den Alternativ-Teil (else) ein.

4.5 switch case

Möchten wir viele Fälle unterscheiden und für jeden Fall unterschiedliche Aktionen ausführen, so können wir das mit vielen **if** Anweisungen oder mit einer **switch case** Anweisung erreichen. In die Klammern nach dem Schlüsselwort **switch** schreiben wir den Ausdruck, welchen wir auswerten möchten. Danach folgen mit dem Schlüsselwort **case** die verschiedenen Fälle, nach dem Doppelpunkt die auszuführenden Befehle. Der **case** Block wird mit **break** abgeschlossen. Dies ist unbedingt notwendig. Mit **break** wird bei erfolgreichem Ausführen eines Falles die **switch** Anweisung verlassen. Wird kein Fall erreicht, wird der **default** Block ausgeführt.

```
int a=2;

switch(a) {
    case 1: printf("a ist eins\n"); break;
    case 2: printf("a ist zwei\n"); break;
    case 3: printf("a ist drei\n"); break;
    default: printf("a ist irgendwas\n"); break;
}
```

```
a ist zwei
```

4.6 Übung

4.6.1 Übungsaufgabe

Erweitere den Getraenke Automat Version 0.1 aus dem Einführungskapitel auf Seite 34 um folgende Funktionalitäten:

- Es gibt mehrere Getränke zur Auswahl: Wasser, Limonade und Bier.
- Wasser kostet 0,50 Euro, Limonade 1 Euro und Bier 2 Euro.
- Die Getränke werden jeweils mit nur einem Geldstück bezahlt.
- Das Festlegen des zu zahlenden Betrages oder das Überprüfen der Zahlung muss mit einer **switch case** Anweisung erfolgen.

So sieht die Bildschirmausgabe zum Lösungsvorschlag aus:

```
Getraenke Automat v0.2

Waehlen sie ihr Getraenk aus:
1) Wasser (0,50 Euro)
2) Limonade (1,00 Euro)
3) Bier (2,00 Euro)

Geben sie 1, 2 oder 3 ein: 2

Bitte werfen sie 1.00 Euro ein: 1.0

Vielen Dank, bitte entnehmen sie ihr Getraenk.
```

4.6.2 Lösung

Ein Lösungsvorschlag zur Übung mit Verzweigungen.

```
/* Getraenke Automat Version 0.2 */

printf("Getraenke Automat v0.2\n\n");

// Auswahl der Getraenke
int sorte;
printf("Waehlen sie ihr Getraenk aus:\n");
printf("1) Wasser (0,50 Euro)\n");
printf("2) Limonade (1,00 Euro)\n");
printf("3) Bier (2,00 Euro)\n\n");
printf("Geben sie 1, 2 oder 3 ein: ");
scanf("%d", &sorte);

// lege den zu zahlenden Betrag fest
float preis=0;
switch(sorte) {
    case 1: preis = 0.5; break;
    case 2: preis = 1.0; break;
    case 3: preis = 2.0; break;
}

// Aufforderung zur Bezahlung
float einwurf=0;
printf("\nBitte werfen sie %.2f Euro ein: ", preis);
scanf("%f", &einwurf);

// ueberpruefe Geldstueck
if(einwurf == preis) {
    printf("\nVielen Dank, bitte entnehmen sie ihr Getraenk.\n");
}else {
    printf("\nSie haben kein %.2f Euro Stueck eingeworfen.\n", preis);
}
```

5 Schleifen

Eine **Schleife** verwenden wir, um Wiederholungen im Programm zu realisieren - also um Dinge mehrmals zu machen. Jede Schleife hat eine Durchlauf-Bedingung, damit sie nicht endlos läuft. D.h. vor einem Durchlauf wird eine Bedingung geprüft. Ist die Bedingung erfüllt, werden die Befehle innerhalb der Schleife ausgeführt. Ist die Bedingung nicht (mehr) erfüllt, wird die Schleife verlassen. Diese Durchlauf-Bedingung ist in der Grafik als **Kontrollpunkt** gekennzeichnet.

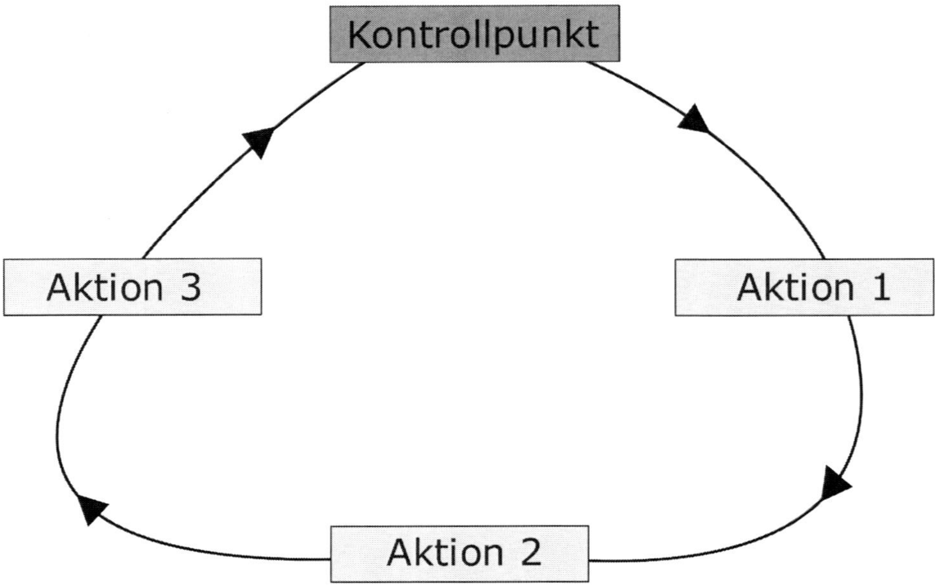

Illustration 3: Arbeitsweise einer Schleife

5.1 while

Stellen wir uns vor, wir wollen die Zahlen von eins bis fünf auf dem Bildschirm ausgeben. Das kann man einfach umsetzen:

```
printf("Zahl 1\n");
printf("Zahl 2\n");
printf("Zahl 3\n");
printf("Zahl 4\n");
printf("Zahl 5\n");
```

Die Anzahl der Programmzeilen ist also davon abhängig, wie oft wir die Ausgabe machen wollen. Bei der Ausgabe der Zahlen von eins bis hundert wären das schon hundert Zeilen. Das geht einfacher:

```
int i=1;
while(i <= 100) {
    printf("Zahl %d\n", i);
    i++;
}
```

```
Zahl 1
Zahl 2
Zahl 3
...
...
```

```
...
Zahl 98
Zahl 99
Zahl 100
```

Wir haben also eine Variable **i**, welche wir mit **1** initialisieren. Dies ist unsere Zählvariable, womit wir die Schleifendurchgänge zählen. Danach beginnt eine **while** Schleife, in den Klammern ist die Durchlauf-Bedingung gesetzt. Dies ist auch unser Kontrollpunkt. Übersetzen wir den Schleifen-Befehl ins Deutsche, hört sich das etwa so an: "solange **i** kleiner gleich 100". Der Schleifen-Block wird also solange wiederholt ausgeführt, wie der Wert der Variablen **i** kleiner oder gleich 100 ist. Hierbei darf man nicht vergessen im Schleifen-Körper die Zählvariable mit **i++** jeden Durchlauf um eins zu erhöhen. Andernfalls hätten wir eine Endlos-Schleife, d.h. unser Programm reagiert nicht mehr, weil es sich im Kreise dreht. Die Durchlauf-Bedingung wird in anderer Fachliteratur üblicherweise **Abbruch-Bedingung** genannt.

5.2 for

Die **for** Schleife verwenden wir, wenn die Anzahl der Durchläufe bekannt ist. D.h. es ist eine Zähler-gesteuerte Schleife. Wir benötigen also immer eine Variable, welche wir zum Zählen der Durchläufe verwenden. Üblicherweise benennt man diese Zähl-Variablen beginnend mit dem Alphabetbuchstaben **i**, also i, j, k, ... etc. In dem folgendem Beispiel wollen wir wieder die Zahlen von 1 bis 5 auf dem Bildschirm ausgeben. Die Schleife leiten wir mit dem Schlüsselwort **for** ein. In den Klammern gibt es drei Bereiche, welche durch einen Strichpunkt **;** getrennt sind:

- Bereich 1: Startwert der Zählvariablen setzen, z.B. **i=0**
- Bereich 2: Durchlauf-Bedingung, z.B. **i<5**
- Bereich 3: Operation auf Zählvariable ausführen, z.B. **i++**

```
int i;

for(i=0; i<5; i++) {
    printf("Zahl %d\n", i+1);
}
```

```
Zahl 1
Zahl 2
Zahl 3
Zahl 4
Zahl 5
```

Das Setzen des Startwertes wird als erstes beim Ausführen der Schleife gemacht. Danach wird die Durchlauf-Bedingung in Bereich 2 geprüft. Ist diese wahr, wird der Block zwischen **{ }** ausgeführt. Ist der Block abgearbeitet, springt das Programm wieder nach oben zum Kontrollpunkt und führt den Code in Bereich 3 aus. Dort wird üblicherweise die Zählvariable inkrementiert oder dekrementiert. Vor dem erneuten Durchlauf wird wieder die Durchlauf-Bedingung geprüft, usw.

5.2.1 Das Zählen beginnt mit 0

In der Informatik beginnt das Zählen nicht mit 1, sondern mit 0. Deshalb sollte man auch bei den Zählvariablen bei 0 beginnen. Somit muss bei unserem Programm "Ausgabe der Zahlen von 1 bis 5" die Durchlauf-Bedingung von **i<=5** auf **i<5** angepasst werden. Weiters muss dadurch bei der Ausgabe der Wert um eins erhöht ausgegeben werden (**i+1**).

5.2.2 Verschachtelung

Schleifen können auch beliebig verschachtelt werden. Hier gibt z.B. die äußere Schleife an, dass 10 Zeilen ausgegeben werden. In jeder Zeile geben wir mittels der inneren Schleife Sternchen aus, welche am Ende eine Dreiecksform ergeben sollen. Die Durchlauf-Bedingung der inneren Schleife ist mit **j<i** an die äußere Schleife gebunden.

```
int i, j;

// Schleife fuer die Zeilen
for(i=0; i<10; i++) {
    printf("\nZeile %2d: ", i+1);

    // Schleife fuer die Spalten
    for(j=0; j<=i; j++) {
        printf("*");
    }
}

printf("\n");
```

```
Zeile  1: *
Zeile  2: **
Zeile  3: ***
Zeile  4: ****
Zeile  5: *****
Zeile  6: ******
Zeile  7: *******
Zeile  8: ********
Zeile  9: *********
Zeile 10: **********
```

5.3 do

while und **for** sind sogenannte **kopfgesteuerte Schleifen**. D.h., dass der Kontrollpunkt als erstes vor jedem Durchlauf ausgeführt wird. Soll zuerst der Schleifen-Block ausgeführt und dann die Bedingung für einen erneuten Durchlauf geprüft werden, verwenden wir die **do while** Schleife. Diese ist also eine **fußgesteuerte Schleife**.

In den vergangenen Beispielen haben wir gesehen, dass es immer sinnvoll ist, einen Durchlauf-Zähler zu verwenden, um das Ende der Schleife festzulegen. Die Durchlauf-Bedingung kann man aber auch von anderen Dingen abhängig machen, z.B. von Tastatureingaben. Erwarten wir vom Benutzer eine bestimmte Eingabe ein, eignet sich dafür die **do while** Schleife. Hierbei lesen wir im Schleifen-Block zuerst die Eingabe und werten diese dann beim Kontrollpunkt aus. Liegt die Eingabe nicht in dem von uns gewünschten Format vor, wird vom Benutzer erneut eine Eingabe gefordert.

Nehmen wir an, wir benötigen vom Benutzer die Eingabe seines Alters. In diesem Beispiel wird der Benutzer solange aufgefordert eine Zahl einzugeben, bis diese einem glaubhaften Alter entspricht. Ist die Eingabe kleiner 5 oder größer 100, wird der Schleifen-Block wiederholt.

```
int alter;

do {
    printf("\nBitte geben sie ihr Alter ein: ");
    scanf("%d", &alter);
} while(alter <  5 || alter > 100);

printf("Danke.\n");
```

```
Bitte geben sie ihr Alter ein: 2
Bitte geben sie ihr Alter ein: 101
Bitte geben sie ihr Alter ein: 200
Bitte geben sie ihr Alter ein: 33
Danke.
```

Wir leiten die Schleife mir dem Schlüsselwort **do** ein, danach kommt der Schleifen-Block **{ }**. Im Block erledigen wir zuerst die Eingabe. Den Kontrollpunkt leiten wir mit dem Schlüsselwort **while** ein. Danach schreiben wir in Klammern die Durchlauf- bzw. Abbruch-Bedingung. Wichtig hierbei ist, dass die **do while** Schleife mit einem Strichpunkt **;** abgeschlossen wird.

5.4 break

Mit dem Schlüsselwort **break** können wir zu jeder Zeit eine Schleife verlassen, ohne auf den Kontrollpunkt warten zu müssen. In dem Beispiel soll der Benutzer Zahlen zwischen 1 und 50 eingeben, um eine Gesamtsumme von 100 zu erreichen. Hält er sich nicht an die Vorgaben und gibt eine kleinere Zahl als 1 oder eine größere als 50 ein, wird sofort die Schleife verlassen und die Zahl nicht mehr zur Summe addiert.

```
int summand, summe=0;

do {
    printf("\nSumme = %d", summe);
    printf("\nEingabe von Summand zwischen 1 und 50: ");
    scanf("%d", &summand);

    if(summand < 1 || summand > 50) {
        break;
    }

    summe += summand;

}while(summe < 100);


if(summe < 100) {
    printf("\nSie haben die Zahl 100 wegen ungueltigen Eingaben nicht erreicht.\n");
}else {
    printf("\nSie haben den Wert 100 erreicht.\n");
}
```

```
Summe = 0
Eingabe von Summand zwischen 1 und 50: 33

Summe = 33
Eingabe von Summand zwischen 1 und 50: 44

Summe = 77
Eingabe von Summand zwischen 1 und 50: 55

Sie haben die Zahl 100 wegen ungueltigen Eingaben nicht erreicht.
```

5.5 continue

Mit dem Schlüsselwort **continue** haben wir die Möglichkeit, direkt zum Kontrollpunkt zu springen. Somit wird der restliche Code im Schleifen-Block nicht ausgeführt. Wir verändern unser break-Beispiel dahingehend, dass bei Eingaben nicht abgebrochen wird, sondern die Eingabe einfach ignoriert wird.

```
int summand, summe=0;

do {
    printf("\nSumme = %d", summe);
    printf("\nEingabe von Summand zwischen 1 und 50: ");
    scanf("%d", &summand);

    if(summand < 1 || summand > 50) {
        printf("Ungueltige Eingabe.\n");
        continue;
    }
    summe += summand;
}while(summe < 100);
```

```
Summe = 0
Eingabe von Summand zwischen 1 und 50: 44

Summe = 44
Eingabe von Summand zwischen 1 und 50: 55
Ungueltige Eingabe.

Summe = 44
Eingabe von Summand zwischen 1 und 50: 50

Summe = 94
Eingabe von Summand zwischen 1 und 50: 11
```

5.6 Übung

5.6.1 Übungsaufgabe

Erweitere den bisherigen Getraenke Automat Version 0.2 von Seite 39 um folgende Funktionen:

- Nach der Wahl der Sorte kann der Benutzer auch eine Menge eingeben. Der zu zahlende Betrag errechnet sich dann aus dem Produkt von Menge und Preis pro Flasche. Die Ausgabe der einzelnen Flaschen erfolgt mit einer Bildschirmausgabe, siehe unten.
- Die Bezahlung soll jetzt auch mit verschiedenen Geldstücken gemacht werden können. Der Benutzer wird solange aufgefordert Geld einzuwerfen, bis der zu zahlende Betrag erreicht ist.
- Wähle für beide neuen Funktionen passende Schleifen.

So sieht die Bildschirmausgabe zum Lösungsvorschlag aus:

```
Getraenke Automat v0.3

Waehlen sie ihr Getraenk aus:
1) Wasser (0,50 Euro)
2) Limonade (1,00 Euro)
3) Bier (2,00 Euro)

Geben sie 1, 2 oder 3 ein: 3

Geben sie die gewuenschte Menge ein: 2

--- Bezahlvorgang ---

Es fehlen noch 4.00 Euro.
Bitte werfen sie ein Geldstueck ein: 2

Es fehlen noch 2.00 Euro.
Bitte werfen sie ein Geldstueck ein: 1

Es fehlen noch 1.00 Euro.
Bitte werfen sie ein Geldstueck ein: 0.5

Es fehlen noch 0.50 Euro.
Bitte werfen sie ein Geldstueck ein: 0.5

--- Getraenkeausgabe ---

Flasche 1 von 2 wurde ausgegeben.
Flasche 2 von 2 wurde ausgegeben.

Vielen Dank, bitte entnehmen sie ihre Getraenke.
```

5.6.2 Lösung

Ein Lösungsvorschlag zur Übung mit Schleifen.

```
/* Getraenke Automat Version 0.3 */

printf("Getraenke Automat v0.3\n\n");

// Auswahl der Getraenke
int sorte;
printf("Waehlen sie ihr Getraenk aus:\n");
printf("1) Wasser (0,50 Euro)\n");
printf("2) Limonade (1,00 Euro)\n");
printf("3) Bier (2,00 Euro)\n\n");
printf("Geben sie 1, 2 oder 3 ein: ");
scanf("%d", &sorte);

// lege den zu zahlenden Betrag fest
float preis=0;
switch(sorte) {
    case 1: preis = 0.5; break;
    case 2: preis = 1.0; break;
    case 3: preis = 2.0; break;
}

// Eingabe der Menge
int menge=1;
printf("\nGeben sie die gewuenschte Menge ein: ");
scanf("%d", &menge);

// Bezahlvorgang
printf("\n--- Bezahlvorgang ---\n");
float einwurf;
float zuZahlen = preis * menge;
do {
    printf("\nEs fehlen noch %.2f Euro.", zuZahlen);
    printf("\nBitte werfen sie ein Geldstueck ein: ");
    scanf("%f", &einwurf);

    // eingeworfenen Betrag anrechnen
    zuZahlen -= einwurf;

} while(zuZahlen > 0.0);

// Ausgabe der Getraenke
printf("\n--- Getraenkeausgabe ---\n");
int i;
for(i=0; i < menge; i++)  {
    printf("\nFlasche %d von %d wurde ausgegeben.", i+1, menge);
}

printf("\n\nVielen Dank, bitte entnehmen sie ihre Getraenke.\n");
```

6 Funktionen

Wie wir aus der Erklärung des Grundgerüstes (Seite 11) erfahren haben, ist der Programm-Block bei **int main()** unser Hauptprogramm. Wenn wir alle unsere Aktionen in diesem Block unterbringen, wird unser Programm schnell sehr lang und unübersichtlich. Um Ordnung in die Aktionen zu bringen, zerlegen wir große Probleme in kleine Teilprobleme. Diese Teilprobleme legen wir dann als "Funktion" getrennt vom Hauptprogramm ab. Eine Funktion erledigt immer eine bestimmte Aufgabe. In der Grafik wird z.B. eine Funktion veranschaulicht, welche zwei Zahlen addiert und die Summe zurückgibt.

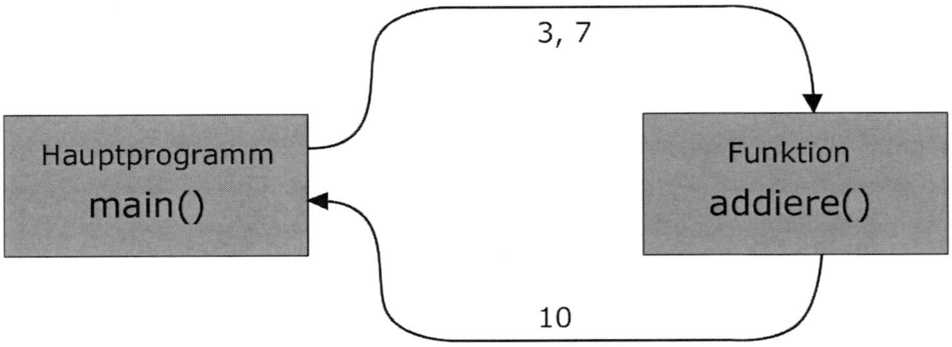

Illustration 4: Arbeitsweise von Funktionen

Damit eine Funktion nach unseren Wünschen arbeitet, kann man ihr Werte übergeben, sogenannte Parameter. Für diese Parameter muss auch ein Datentyp festgelegt werden. In dem obigen Beispielen werden der Funktion **addiere()** die Parameter 3 und 7 übergeben. Der Datentyp dafür ist also **int**. Die Funktion liefert uns als Ergebnis die Summe - dies ist der Rückgabewert. Für diesen Rückgabewert muss auch wieder ein Datentyp festgelegt werden. Eine Funktion hat folgende Eigenschaften:

- Bezeichner, ein Name unter der sie ansprechbar ist, z.B. **addiere()**
- Bezeichner der Parameter, z.B. **summand1, summand2**
- Datentyp der Parameter, z.B. **int**
- Datentyp des Rückgabewertes, z.B. **int**

Unser Beispiel sieht in Codeform so aus:

```
#include<stdio.h>

int addiere(int summand1, int summand2) {
    return (summand1 + summand2);
}

int main() {
    int summe = addiere(3, 7);
    printf("Summe von 3 und 7 ist %d\n", summe);
    return 0;
}
```

```
Summe von 3 und 7 ist 10
```

Damit wir im Hauptprogramm die Funktion **addiere()** ansprechen können, muss diese dem Hauptprogramm bekannt sein. Dies erreichen wir, indem die Funktion über das Hauptprogramm platziert wird. Vor den Funktionsnamen schreiben wir den Datentyp des Rückgabewertes mit **int addiere(...)**.

Nach dem Namen schreiben wir zwischen den Klammern die Parameter, eben falls mit vorangeschriebenen Datentyp (**int summand1, int summand2**). Hat die Funktion mehrere Parameter, werden diese mit einem Komma **,** getrennt.

Danach folgt ein üblicher Block mit { }. Dieser enthält im Beispiel lediglich eine **return** Anweisung. Mit **return** wird die Funktion beendet und ein Wert zurückgegeben. Wir geben mit **return (summand1 + summand2)** die Summe der Parameter zurück.

Im Hauptprogramm deklarieren wie eine Variable **summe**, welche wir mit dem Rückgabewert des Funktionsaufrufes **addiere(3, 7)** initialisieren (Initialisierung Seite 22).

6.1 Datentypen

In diesem Beispiel wollen wir den Umgang mit den Datentypen der Rückgabewerte und Parameter üben. Diese können je nach Problemstellung beliebig variieren. Gibt eine Funktion nichts zurück, verwenden wir das Schlüsselwort **void**, welches einen nicht-existenten Wert darstellt.

```
#include<stdio.h>

void helloWorld() {
    printf("\nHello, world.\n");
}

int main() {
    helloWorld();
    return 0;
}
```

```
Hello, world.
```

In diesem Beispiel übergeben wir der Funktion **abc()** eine Nummer, welche die Nummer eines Buchstaben im Alphabet darstellen soll. Zurückliefern soll die Funktion den jeweiligen Großbuchstaben. Laut ASCII-Tabelle (Seite 138) beginnen die Großbuchstaben ab dem ASCII-Code 65. Also addieren wir einfach den Parameter **nummer** zur Zahl 64, um den passenden Buchstaben zu erhalten.

```
#include<stdio.h>

char abc(int nummer) {
    return (64 + nummer);
}

int main() {
    printf(" 1. Alphabet-Buchstabe: %c\n", abc(1));
    printf("12. Alphabet-Buchstabe: %c\n", abc(12));
    printf("24. Alphabet-Buchstabe: %c\n", abc(24));
    return 0;
}
```

```
1. Alphabet-Buchstabe: A
12. Alphabet-Buchstabe: L
24. Alphabet-Buchstabe: X
```

6.2 Beispiel: Entwurf eines Multiplikations-Taschenrechners

Warum und wie wir unsere Programme in Funktionen strukturieren, soll nun an einem weiteren Beispiel erklärt werden. Nehmen wir an, es soll ein einfacher Taschenrechner entwickelt werden, welcher nur die Multiplikation beherrscht.

Schritt 1: Klärung der Programm-Aktionen

In diesem Schritt soll geklärt werden, welche Aktionen das Programm besitzen soll.

- Benutzer auffordern Eingaben zu tätigen
- Eingabe von Zahl 1
- Eingabe von Zahl 2
- Ergebnis ausrechnen (Zahl 1 * Zahl 2)
- Ergebnis ausgeben

Schritt 2: Gruppierung der Aktionen

In diesem Schritt überlegen wir, wie man diese Aktionen logisch und sinnvoll gruppieren kann. Eine allgemeine Gruppierung ist die unten aufgeführte. Je nach Komplexität des Programms ist jedoch eine feinere Gruppierung nötig.

- Eingabe
- Verarbeitung
- Ausgabe

Schritt 3: Erstellen der Funktions-Prototypen

Im dritten Schritt erstellen wir die Funktions-Prototypen, für die wir Name, Rückgabewert und Parameter definieren. Da bei der Multiplikation Kommazahlen entstehen, müssen wir an allen Stellen den Datentyp **float** oder **double** verwenden.

- float eingabeZahl();
- float multipliziere(float zahl1, float zahl2);
- void ausgabeErgebnis(float ergebnis);

Schritt 4: Implementierung

Wenn das Konzept schlüssig, logisch und sauber strukturiert ist, folgt die Umsetzung - die sogenannte Implementierung. Hier ein Lösungsvorschlag:

```
// Multiplikations-Rechner / ausfuehrlich / v0.1

#include<stdio.h>

float eingabeZahl() {
    float eingabe;
    printf("\nEingabe Zahl: ");
    scanf("%f", &eingabe);
    return eingabe;
}

float multipliziere(float zahl1, float zahl2) {
    return (zahl1 * zahl2);
}

void ausgabeErgebnis(float ergebnis) {
    printf("\nErgebnis: %f\n", ergebnis);
}

int main() {
    float faktor1, faktor2, ergebnis;

    // Eingabe
    faktor1 = eingabeZahl();
    faktor2 = eingabeZahl();

    // Verarbeitung
    ergebnis = multipliziere(faktor1, faktor2);

    // Ausgabe
    ausgabeErgebnis(ergebnis);

    return 0;
}
```

```
Eingabe Zahl: 2
Eingabe Zahl: 4.4
Ergebnis: 8.800000
```

6.3 Ressourcen sparen

Weitere wichtige Gesichtspunkte bei der professionellen Programmierung sind Performance und Ressourcen. Die Performance eines Programms ist die Schnelligkeit, es sollte also darauf geachtet werden, nur die nötigsten Aktionen auszuführen. Weiters sollte ein Programm auch nur die nötigsten Ressourcen in Anpruch nehmen. Mehr Ressourcen gehen auch wieder zu Lasten der Performance. Bei der Einsparung von Ressourcen geht es meist darum, den benötigten Speicherbedarf (RAM) zu reduzieren. Speicher wird z.B. für jede deklarierte Variable oder verschachtelte Funktionsaufrufe belegt.

Nehmen wir unser vorheriges Beispiel zur Hand. Wir sehen wir hier nun eine modifizierte Version. Hier wurden alle Variablen im Hauptprogramm eingespart - die Unterfunktionen sind unverändert.

```
// Multiplikations-Rechner / Ressourcen sparen / v0.2

#include<stdio.h>

float eingabeZahl() {
    float eingabe;
    printf("\nEingabe Zahl: ");
    scanf("%f", &eingabe);
    return eingabe;
}

float multipliziere(float zahl1, float zahl2) {
    return (zahl1 * zahl2);
}

void ausgabeErgebnis(float ergebnis) {
    printf("\nErgebnis: %f\n", ergebnis);
}

int main() {
    // Rechenvorgang
    ausgabeErgebnis(multipliziere(eingabeZahl(), eingabeZahl()));
    return 0;
}
```

Vorherige Hauptfunktion:

```
int main() {
    float faktor1, faktor2, ergebnis;

    // Eingabe
    faktor1 = eingabeZahl();
    faktor2 = eingabeZahl();

    // Verarbeitung
    ergebnis = multipliziere(faktor1, faktor2);

    // Ausgabe
    ausgabeErgebnis(ergebnis);

    return 0;
}
```

Wir sehen also, dass Rückgabewerte von Funktion nicht in Variablen zwischengespeichert werden müssen, sondern direkt als Parameter für weitere Funktionen überliefert werden können. Zum Einen senken wir dadurch den Speicherbedarf, zum Anderen reduzieren wir die Programmzeilen im Hauptprogramm auf eine Zeile. Diese Vorgehensweise sollte man aber nicht übertreiben, da sonst die Übersichtlichkeit darunter leidet.

6.4 Funktions-Prototypen

Wie wir wissen, müssen wir die Funktionen unserem Compiler erst bekanntmachen, bevor wir sie aufrufen können. Dies erreichen wir, indem wir die Funktionen über unser Hauptprogramm platziert haben. Die Funktionen können schnell zunehmen und unseren Programmcode in die Länge ziehen, somit müssen wir immer ganz nach unten scrollen, wenn wir zum Hauptprogramm gelangen wollen. Dies wollen wir mittels den Funktions-Prototypen ändern. Diese platzieren wir über das Hauptprogramm, wobei der Funktionskörper dann an einer beliebigen Stelle im Script sein darf. Wir wollen dies anhand unseres vorherigen Beispiels sehen:

```
// Multiplikations-Rechner / Funktions-Prototypen / v0.3

#include<stdio.h>

// Funktions-Prototypen
float eingabeZahl();
float multipliziere(float zahl1, float zahl2);
void ausgabeErgebnis(float ergebnis);

// Hauptprogramm
int main() {
    // Rechenvorgang
    ausgabeErgebnis(multipliziere(eingabeZahl(), eingabeZahl()));
    return 0;
}

// Funktionen
float eingabeZahl() {
    float eingabe;
    printf("\nEingabe Zahl: ");
    scanf("%f", &eingabe);
    return eingabe;
}

float multipliziere(float zahl1, float zahl2) {
    return (zahl1 * zahl2);
}

void ausgabeErgebnis(float ergebnis) {
    printf("\nErgebnis: %f\n", ergebnis);
}
```

Die Prototypen werden ohne die geschweiften Klammern geschrieben, da sie keinen Funktionskörper besitzen. Dafür müssen sie aber mit einem Strichpunkt **;** abgeschlossen werden. Der Datentyp des Rückgabewertes und der Parameter müssen übereinstimmen. Lediglich die Bezeichner der Parameter können beim Prototyp weggelassen werden:

```
// Funktions-Prototypen
float eingabeZahl();
float multipliziere(float, float);
void ausgabeErgebnis(float);
```

6.5 Übung

6.6 Übungsaufgaben

6.6.1 Teil 1

Wir nehmen nun unseren bisherigen Getraenke Automat Version 0.3 von Seite 45 zur Hand bzw. die eigene Version. Die in dem Kapitel Funktionen besprochenen Thematiken sollen nun umgesetzt werden.

- Fasse alle Aktionen in Funktionen zusammen, sodass das Hauptprogramm weitgehend aus Funktionsaufrufen besteht.
- Verwende Funktions-Prototypen.
- Kommentiere die Aufgaben, Parameter und Rückgabewerte der Funktionen.

6.6.2 Teil 2

Erweitere die Getraenke Automat Version 0.4 (Seite 52) aus Teil 1 um folgende Funktionen:

- Entwickle eine neue Funktion, welche das eingeworfene Geldstück überprüft. Gültige Geldstücke sind 0.05, 0.10, 0.20, 0.50, 1.0 und 2.0 Euro. Ist das Geldstück nicht gültig, wird eine Meldung ausgegeben und der Betrag nicht vom zu zahlenden Betrag abgezogen. Die Funktion gibt also nur den Wert **wahr** oder **falsch** zurück. Dies kann mit den Rückgabewerten **1** und **0** erreicht werden.
- Modifiziere den Bezahlvorgang derart, dass man diesen jederzeit mit der Eingabe von **0** abbrechen kann. Dem Benutzer wird dann sein bisher eingeworfenes Geld zurückgegeben - simuliert durch eine Bildschirmausgabe mit dem jeweiligen Betrag. Dafür muss die Logik der **bezahlen()**-Funktion umgestaltet werden.

Bildschirmausgabe:

```
Getraenke Automat v0.5

Waehlen sie ihr Getraenk aus:
1) Wasser (0,50 Euro)
2) Limonade (1,00 Euro)
3) Bier (2,00 Euro)

Geben sie 1, 2 oder 3 ein: 2

Geben sie die gewuenschte Menge ein: 1

--- Bezahlvorgang ---

Bezahlvorgang abbrechen mit 0

Es fehlen noch 1.00 Euro.
Bitte werfen sie ein Geldstueck ein: 3

Ihr Geldstueck ist ungueltig.
Es fehlen noch 1.00 Euro.
Bitte werfen sie ein Geldstueck ein: 0

Bezahlvorgang abgebrochen.
Ausgabe von 0.00 Euro.
```

6.6.3 Lösung Teil 1

Ein Lösungsvorschlag zur Übung mit Funktionen Teil 1.

```
/* Getraenke Automat Version 0.4 */

#include<stdio.h>

// --- Funktions-Prototypen --------------------------
int auswahlGetraenkeSorte();
int eingabeMenge();
float ermittlePreis(int sorte);
void bezahlen(float zuZahlen);
void ausgabeGetraenke(int sorte, int menge);

// --- Hauptprogramm ---------------------------------
int main() {
    printf("Getraenke Automat v0.4\n\n");

    int sorte, menge, bezahlt;
    float preis, zuZahlen;

    sorte = auswahlGetraenkeSorte();
    preis = ermittlePreis(sorte);
    menge = eingabeMenge();
    zuZahlen = preis * menge;
    bezahlen(zuZahlen);
    ausgabeGetraenke(sorte, menge);
    printf("\n\nVielen Dank, bitte entnehmen sie ihre Getraenke.\n");

    return 0;
}

// --- Funktionen ------------------------------------
int auswahlGetraenkeSorte() {
    int sorte;
    printf("Waehlen sie ihr Getraenk aus:\n");
    printf("1) Wasser (0,50 Euro)\n");
    printf("2) Limonade (1,00 Euro)\n");
    printf("3) Bier (2,00 Euro)\n\n");
    printf("Geben sie 1, 2 oder 3 ein: ");
    scanf("%d", &sorte);
    return sorte;
}

int eingabeMenge() {
    int menge=1;
    printf("\nGeben sie die gewuenschte Menge ein: ");
    scanf("%d", &menge);
    return menge;
}

/*
    ermittelt den Preis zu einer Sorte
    Parameter:    sorte, Nummer der Sorte
    Return-Value:    Preis
*/
float ermittlePreis(int sorte) {
    float preis=0;
    switch(sorte) {
        case 1: preis = 0.5; break;
        case 2: preis = 1.0; break;
        case 3: preis = 2.0; break;
    }
    return preis;
}
```

```
void bezahlen(float zuZahlen) {
    printf("\n--- Bezahlvorgang ---\n");
    printf("\nBezahlvorgang abbrechen mit 0\n");
    float einwurf;
    do {
        printf("\nEs fehlen noch %.2f Euro.", zuZahlen);
        printf("\nBitte werfen sie ein Geldstueck ein: ");
        scanf("%f", &einwurf);
        // eingeworfenen Betrag anrechnen
        zuZahlen -= einwurf;
    } while(zuZahlen > 0.0);
    return 1;
}

void ausgabeGetraenke(int sorte, int menge) {
    printf("\n--- Getraenkeausgabe ---\n");
    int i;
    for(i=0; i < menge; i++)  {
        printf("\nFlasche %d von %d der Sorte %d wurde ausgegeben.",
            i+1, menge, sorte);
    }
}
```

6.6.4 Lösung Teil 2

Ein Lösungsvorschlag zur Übung mit Funktionen Teil 2.

```
/* Getraenke Automat Version 0.5 */

#include<stdio.h>

// --- Funktions-Prototypen --------------------------
int auswahlGetraenkeSorte();
int eingabeMenge();
float ermittlePreis(int sorte);
float bezahlen(float zuZahlen);
int pruefeGeldstueck(float muenze);
void ausgabeGetraenke(int sorte, int menge);

// --- Hauptprogramm ---------------------------------
int main() {
    printf("Getraenke Automat v0.5\n\n");

    int sorte, menge;
    float preis, zuZahlen, gezahlt;

    sorte = auswahlGetraenkeSorte();
    preis = ermittlePreis(sorte);
    menge = eingabeMenge();
    zuZahlen = preis * menge;
    gezahlt = bezahlen(zuZahlen);

    if(gezahlt >= zuZahlen) {
        ausgabeGetraenke(sorte, menge);
        printf("\n\nVielen Dank, bitte entnehmen sie ihre Getraenke.\n");
    }else {
        printf("\n\nBezahlvorgang abgebrochen.\n");
        printf("Ausgabe von %.2f Euro.\n", gezahlt);
    }

    return 0;
}

// --- Funktionen ------------------------------------
int auswahlGetraenkeSorte() {
    int sorte;
    printf("Waehlen sie ihr Getraenk aus:\n");
    printf("1) Wasser (0,50 Euro)\n");
    printf("2) Limonade (1,00 Euro)\n");
    printf("3) Bier (2,00 Euro)\n\n");
    printf("Geben sie 1, 2 oder 3 ein: ");
    scanf("%d", &sorte);
    return sorte;
}

int eingabeMenge() {
    int menge=1;
    printf("\nGeben sie die gewuenschte Menge ein: ");
    scanf("%d", &menge);
    return menge;
}

/*
    ermittelt den Preis zu einer Sorte
    Parameter:    sorte, Nummer der Sorte
    Return-Value:    Preis
*/
float ermittlePreis(int sorte) {
    float preis=0;
    switch(sorte) {
```

```
        case 1: preis = 0.5; break;
        case 2: preis = 1.0; break;
        case 3: preis = 2.0; break;
    }
    return preis;
}

/*
    Startet Bezahlvorgang
    Parameter:      zuZahlen, zu zahlender Betrag
    Return-Value:    gezahlter Betrag
*/
float bezahlen(float zuZahlen) {
    printf("\n--- Bezahlvorgang ---\n");
    printf("\nBezahlvorgang abbrechen mit 0\n");
    float einwurf, gezahlt=0;
    do {
        printf("\nEs fehlen noch %.2f Euro.", zuZahlen-gezahlt);
        printf("\nBitte werfen sie ein Geldstueck ein: ");
        scanf("%f", &einwurf);

        // Abbruch pruefen
        if(einwurf == 0) {
            break;
        }

        // eingeworfenen Betrag anrechnen
        if(pruefeGeldstueck(einwurf))  {
            gezahlt += einwurf;
        }else {
            printf("\nIhr Geldstueck ist ungueltig.");
        }

    } while(gezahlt < zuZahlen);

    return gezahlt;
}

/*
    prueft Geldstueck auf Gueltigkeit
    Parameter:      muenze, entpricht eingeworfenem Geldstueck
    Return-Value:    1, gueltige Muenze
            0, falsche Muenze
*/
int pruefeGeldstueck(float muenze) {
    // Muenzwert in ganze Zahl umrechnen, also in Cent.
    // Da die case Anweisung nicht mit floats arbeiten kann.
    int cent = muenze * 100;
    switch(cent) {
        case 5:         return 1;
        case 10:    return 1;
        case 20:    return 1;
        case 50:    return 1;
        case 100:    return 1;
        case 200:    return 1;
        default:    return 0;
    }
}

void ausgabeGetraenke(int sorte, int menge) {
    printf("\n--- Getraenkeausgabe ---\n");
    int i;
    for(i=0; i < menge; i++)  {
        printf("\nFlasche %d von %d der Sorte %d wurde ausgegeben.",
            i+1, menge, sorte);
    }
}
```

7 Zeiger

Stelle dir vor, dass du mit Begeisterung Klavier spielst. Mit der Zeit bemerkst du, wie sich die Töne immer schiefer anhören. Du entschließt dich, das Klavier von deinem Freund Kurt stimmen zu lassen - Kurt kennt sich damit gut aus. Da man das Klavier ***nicht gut transportieren*** *kann, gibst du Kurt Bescheid, dass er doch bitte kommen soll. Du schreibst ihm also einen Brief, der auch eine genaue* ***Wegbeschreibung*** *zu deinem Wohnort enthält. Die Wegbeschreibung benötigt Kurt, da er bekanntlich viel verreist und jedesmal aus einer anderen Richtung zu dir kommt.*

In dem Beispiel sollen zwei Tatsachen herausstechen. Zum Einen lässt sich das Klavier nicht wirtschaftlich transportieren, bei der Tatsache dass es nur gestimmt werden soll. Zum Anderen benötigt Kurt eine Wegbeschreibung, um zu dem Klavier zu gelangen.

In der Programmierung haben wir ähnliche Probleme. Zum Beispiel arbeiten wir später mit großen Datenmengen, welche von Funktionen bearbeiten werden. Würden wir diese Datenmengen als Paket zu den Funktionen transportieren, geht dies sehr stark zu Lasten der Performance und des Speicherplatzes. Um dem vorzubeugen, verwenden wir **Zeiger**.

- Das Klavier ist im Prinzip unsere Datenmenge
- Die Wegbeschreibung ist im Prinzip unser Zeiger

Unsere Datenmengen liegen im Speicher und haben eine Adresse. Ein Zeiger "zeigt" auf die Menge, indem er lediglich die Adresse der Menge speichert. Wenn wir dann einer Funktion unsere Datenmenge überliefern möchten, teilen wir ihr lediglich mit dem Zeiger die Adresse mit. Die Datenmenge wird somit nicht transportiert, stattdessen greift die Funktion über die Adresse auf die Daten zu. Diese Datenmengen werden durch Variablen repräsentiert. Ein Zeiger speichert also nur die Adresse einer anderen Variablen und leitet somit die Anfrage auf einen Wert weiter.

In den nächsten Kapiteln werden wir erfahren, wie man theoretisch mit einer einzigen Variablen den kompletten Speicherplatz des Computer belegen kann. Hier folgt jetzt aber erstmal ein kleines Beispiel zum Thema Zeiger.

7.1 Einführendes Beispiel

Wir erstellen zuerst eine Variable und setzen sie auf einen Wert. Danach erstellen wir einen Zeiger, der auf die Variabel zeigen soll. Ein Zeiger sollte vom gleichen Datentyp sein, wie die Variable, auf die er zeigt. Einen Zeiger erstellen wir, indem wir bei der Deklaration den Namen mit einem Stern * beginnen. Danach existiert dieser Zeiger, allerdings zeigt er auf keinen sinnvollen Wert. Wir müssen ihn also noch auf die Adresse der Variablen setzen. Diese erhalten wir mit dem Kaufmanns-Und **&**.

```
int zahl = 7;
int *zeiger;
zeiger = &zahl;
printf("Zeiger-Wert: %d\n", *zeiger);
```

```
Zeiger-Wert: 7
```

Ein Zeiger repräsentiert eine Adresse und nicht wie eine Variable einen Wert. Will man auf den Wert der Adresse zugreifen, auf die ein Zeiger zeigt, muss der Stern * vor den Namen gesetzt werden.

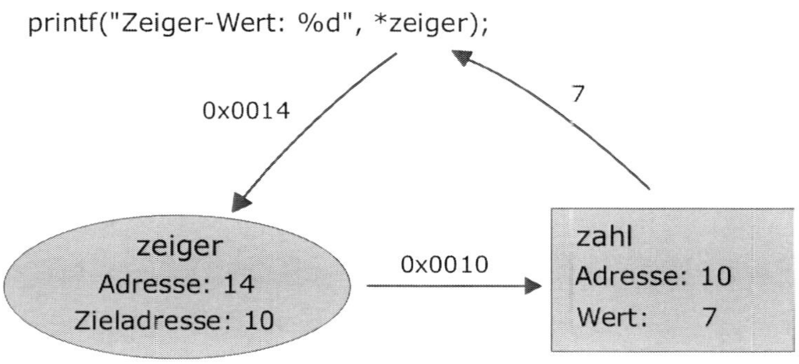

Illustration 5: Arbeitsweise eines Zeigers

7.2 Speicher

7.2.1 Speicherbild mit Zeiger und Variable

Zu dem vorangegangenem Beispiel sehen wir hier nun zusätzlich das konkrete Bild im Speicher.

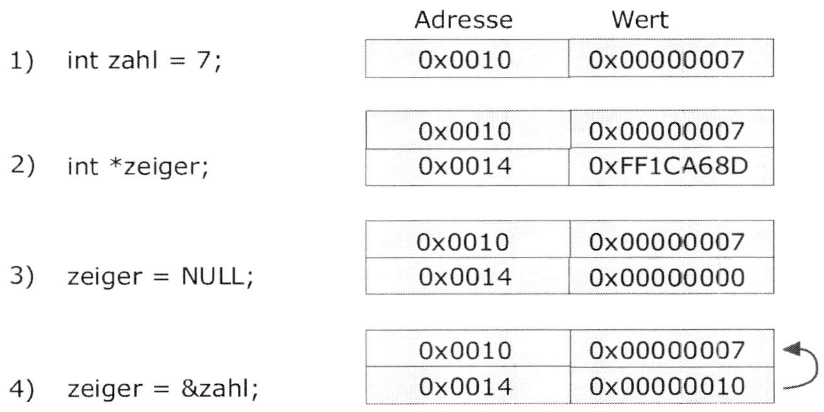

Illustration 6: Speicherbild mit Zeiger und Variable

7.2.2 Nullzeiger

Nachdem ein Zeiger erstellt wurde, zeigt er auf keinen sinnvollen Wert (Zeile 2 oben), da zu diesem Zeitpunkt der Wert nicht gesetzt wurde und somit der vorherige Speicherinhalt verwendet wird. Um zu vermeiden, dass ein nicht gesetzter Zeiger im Programm verwendet wird, kann man aus diesem einen sogenannten **Nullzeiger** machen (Schritt 3 oben). Damit lässt sich vor einem Zugriff auf den Zeiger dessen Verwendbarkeit prüfen. Hier ein Beispiel dazu:

```
int zahl = 7;
int *zeiger = NULL;

if(zeiger != NULL) {
    printf("Versuch 1, Zeiger-Wert: %d\n", *zeiger);
}

zeiger = &zahl;

if(zeiger != NULL) {
    printf("Versuch 2, Zeiger-Wert: %d\n", *zeiger);
}
```

```
Versuch 2, Zeiger-Wert: 7
```

7.3 Beispiele

7.3.1 Addieren-Funktion nur mit Zeigern

In diesem Beispiel realisieren wir unsere addieren() - Funktion nur mit Zeigern. Es werden also keine Werte übergeben, sondern nur Verweise auf die Speicherstellen.

```
#include<stdio.h>

void addiere(int *summand1, int *summand2, int *summe) {
    *summe = *summand1 + *summand2;
}

int main() {
    int zahl1 = 666666666;
    int zahl2 = 333333333;
    int summe;

    addiere(&zahl1, &zahl2, &summe);

    printf("Summe von zahl1 und zahl2: %d\n", summe);
    return 0;
}
```

```
Summe von zahl1 und zahl2: 999999999
```

7.3.2 Veranschaulichung des Zusammenspiels von Adresse und Wert

Mit der Ausgabe-Formatierung **%p** kann die Adresse eines Zeigers ausgegeben werden. Die Adressen sind höchstwahrscheinlich bei jedem Aufruf des Programms anders, da sich der freie Speicherbereich durch andere Programme ständig ändert und das eigene Programm somit immer an einem anderen Platz landet. Dies stört uns aber nicht weiter. Wir freuen uns darüber, dass sich die Programmiersprache und das Betriebssystem im Hintergrund um die Zuteilung von Speicherplatz kümmern.

```
int zahl=7;
int *zeiger = &zahl;

printf("Adresse zahl: %p\n", &zahl);
printf("Wert zahl: %d\n\n", zahl);
printf("Adresse zeiger: %p\n", &zeiger);
printf("Wert zeiger: %p\n", zeiger);
printf("Wert von Adresse %p: %d\n", zeiger, *zeiger);
```

```
Adresse zahl: 0xbfefbcf0

Wert zahl: 7


Adresse zeiger: 0xbfefbcec

Wert zeiger: 0xbfefbcf0

Wert von Adresse 0xbfefbcf0: 7
```

7.3.3 Zeiger auf Zeiger

Zeiger zeigen auf Adressen. Sie können nicht nur auf die Adressen von Variablen, sondern auch auf die Adressen von Zeigern verweisen. Dies erreicht man mit dem doppelten Stern-Operator **.

```
int zahl=7;
int *zeiger = &zahl;
int **zeigerAufZeiger = &zeiger;

printf("Wert von zeigerAufZeiger -> zeiger -> zahl: %d\n", **zeigerAufZeiger);
```

```
Wert von zeigerAufZeiger -> zeiger -> zahl: 7
```

7.4 Übung

7.4.1 Variablen- und Zeigerwerte berechnen

Berechne von Hand in jeder Zeile die Werte der Variablen und Zeiger, die sich verändern.

```
int a=2, b=5, *c=&a, *d=&b;

a = *c * *d;
*d -= 3;
b = a * b;
c = d;
b = 7;
a = *c + *d;
```

7.4.2 Lösung

Lösung der Aufgabe Variablen- und Zeigerwerte berechnen.

```
int a=2, b=5, *c=&a, *d=&b;

a = *c * *d;      // a=10
*d -= 3;          // b=2, *d=2
b = a * b;        // b=20
c = d;            // *c=20
b = 7;            // b=7
a = *c + *d;      // a=14
```

8 Arrays (Felder)

Stelle dir vor, du sollst die Software für eine Wetterstation schreiben. Das Programm soll die gemessenen Temperaturwerte zwischenspeichern und die Durchschnitts-Temperatur des Tages berechnen.

Wie wir Werte zwischenspeichern, haben wir bereits gelernt: Wir verwenden dafür Variablen. Für die Berechnung der Durchschnitts-Temperatur könnten wir z.B. jede Stunde den Wert messen und speichern. Das wären 24 Variablen. Was ist aber, wenn das Ergebnis zu ungenau ist und jede Minute gemessen werden soll? Dann wären das 24 mal 60 Variablen, also 1440. Über tausend Variablen zu deklarieren hört sich nach viel Arbeit an:

```
float messwert1, messwert2, messwert3, ..., messwert1439, messwert1440;
```

Einfacher geht es mit einem Feld von Variablen. Hierfür benötigen wir lediglich eine Deklaration:

```
float messwerte[1440];
```

Hier haben wir 1440 float Variablen auf einen Schlag angelegt. Bei der Deklaration eines Feldes beginnen wir wie bei einfachen Variablen auch mit Datentyp und Name. Danach folgen eckige Klammern. In diese schreiben wir die Feldgröße, also die Anzahl der Variablen, welche wir erstellen wollen. Der Zugriff auf diese Variablen erfolgt mittels einer Nummer, auch **Index** genannt. Dieser Index liegt im Bereich 0 und Feldgröße minus 1, da wir bekanntlich bei Null anfangen zu zählen.

Erstellen wir ein Feld mit der Größe 5, d.h. das Feld kann 5 Werte speichern. Der erste Wert kann mit dem Index 0 und der letzte Wert mit dem Index 4 angesprochen werden. Hier ein Beispiel mit einem kleineren Feld, das wir vollständig mit Werten füllen:

```
float messwerte[5];

messwerte[0] = 23.0;
messwerte[1] = 22.2;
messwerte[2] = 21.7;
messwerte[3] = 20.9;
messwerte[4] = 20.5;

printf("erster Wert (Index 0): %.2f\n", messwerte[0]);
printf("letzer Wert (Index 4): %.2f\n", messwerte[4]);
```

```
erster Wert (Index 0): 23.00
letzer Wert (Index 4): 20.50
```

Der englische und gängigere Begriff für Feld ist **Array**.

8.1 Schleifen

Bei großen Arrays wäre das Setzen und Auslesen der Daten von Hand viel Arbeit, wenn es keine Schleifen gäbe. Mit den Schleifen können wir die einzelnen Elemente des Arrays sehr einfach ansprechen. Hier setzen wir die Elemente des Arrays auf den Wert ihrer Index-Nummer + 1 und geben die Werte im Anschluss aus.

```
int punkte[5], i;

// Werte setzen
for(i=0; i<5; i++) {
    punkte[i] = i+1;
}

// Werte auslesen
for(i=0; i<5; i++) {
    printf("(Index %d) Punktzahl Aufgabe %d: %d\n", i, i+1, punkte[i]);
}
```

```
(Index 0) Punktzahl Aufgabe 1: 1
(Index 1) Punktzahl Aufgabe 2: 2
(Index 2) Punktzahl Aufgabe 3: 3
(Index 3) Punktzahl Aufgabe 4: 4
(Index 4) Punktzahl Aufgabe 5: 5
```

Das Setzen der Werte kann man auch durch eine Benutzereingabe realisieren:

```
int punkte[5], i;

// Werte einlesen
for(i=0; i<5; i++) {
    printf("\nBitte geben sie eine Punktzahl ein (ganze Zahl): ");
    scanf("%d", &punkte[i]);
}

// Werte auslesen
for(i=0; i<5; i++) {
    printf("(Index %d) Punktzahl Aufgabe %d: %d\n", i, i+1, punkte[i]);
}
```

```
Bitte geben sie eine Punktzahl ein (ganze Zahl): 3
Bitte geben sie eine Punktzahl ein (ganze Zahl): 9
Bitte geben sie eine Punktzahl ein (ganze Zahl): 7
Bitte geben sie eine Punktzahl ein (ganze Zahl): 2
Bitte geben sie eine Punktzahl ein (ganze Zahl): 4
(Index 0) Punktzahl Aufgabe 1: 3
(Index 1) Punktzahl Aufgabe 2: 9
(Index 2) Punktzahl Aufgabe 3: 7
(Index 3) Punktzahl Aufgabe 4: 2
(Index 4) Punktzahl Aufgabe 5: 4
```

8.2 Initialisierung

Möchte man die Werte eines Feldes initialisieren, schreibt man die Werte einfach in geschweifte Klammern.

```
int i, punkte[5] = { 1, 3, 5, 7, 9 };

// Werte ausgeben
for(i=0; i<5; i++) {
    printf("Wert Index %d: %d\n", i, punkte[i]);
}
```

```
Wert Index 0: 1
Wert Index 1: 3
Wert Index 2: 5
Wert Index 3: 7
Wert Index 4: 9
```

8.2.1 Null-Initialisierung

Ist die Anzahl der Werte bei der Initialisierung kleiner als die Feldgröße, werden die restlichen Werte auf Null gesetzt.

```
int punkte[5] = { 1, 3, 5 };
```

```
Wert Index 0: 1
Wert Index 1: 3
Wert Index 2: 5
Wert Index 3: 0
Wert Index 4: 0
```

Dadurch lässt sich ein Feld auch einfach komplett mit Null-Werten initialisieren:

```
int punkte[5] = { 0 };
```

```
Wert Index 0: 0
Wert Index 1: 0
Wert Index 2: 0
Wert Index 3: 0
Wert Index 4: 0
```

8.2.2 Feldgröße durch Initialisierung bestimmen

Lässt man bei der Initialisierung die Angabe für die Feldgröße weg, wird automatisch die Größe durch die Anzahl der Initialisierungswerte bestimmt. Dieses Array wird die Größe 3 haben:

```
int punkte[] =  { 1, 2, 3 };
```

```
Wert Index 0: 1
Wert Index 1: 2
Wert Index 2: 3
```

8.3 Zweidimensionale Felder

Bisher haben wir eindimensionale Felder kennengelernt, die einer einfachen Liste entsprachen. Für viele Zwecke benötigt man aber mehrdimensionale Felder. Im Folgendem wollen wir ein Schachbrett simulieren. Ein Schachbrett hat 8 x 8 Felder, die wir mit einem zweidimensionalen Array darstellen können:

```
int brett[8][8];
```

Man kann sich das Brett wie ein Koordinatensystem vorstellen, wobei man mit dem ersten Index die Y-Achse und mit dem zweiten Index die X-Achse anspricht: **brett[Y][X]**. Es bietet sich an, den ersten Index als den Zeilenindex und den zweiten Index als den Spaltenindex zu wählen, weil in dieser Reihenfolge das Feld auch im Speicher abgelegt wird. Zudem müssen wir bei einer Bildschirmausgabe die Feldinhalte auch zeilenweise ausgeben. In der Programmierung empfiehlt es sich deshalb den Ursprung des Koordinatensystems in die linke obere Ecke zu legen, wie es in der unteren Grafik zu sehen ist. Insgesamt haben wir hier 8 * 8 Elemente, also 64 Spielfelder. Die Zahlen in den Spielfeldern sollen Werte darstellen. Diesen Stand erhalten wir mit den folgenden Codezeilen. Man kann sich vorstellen, dass ein Wert einer bestimmten Spielfigur entspricht.

```
brett[2][1] = 1;
brett[4][2] = 2;
brett[3][5] = 3;
brett[6][7] = 4;
```

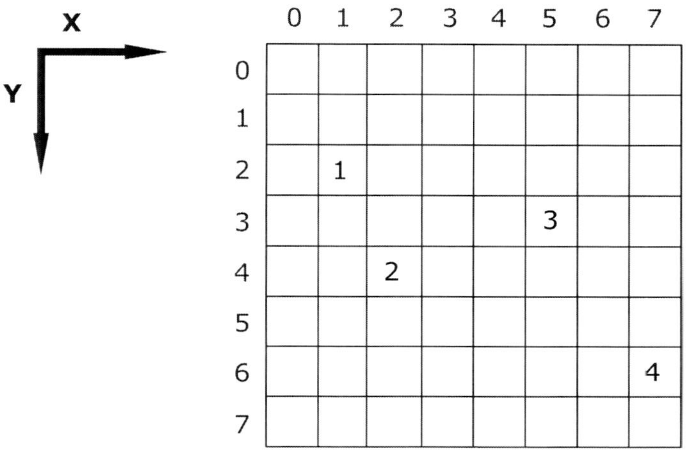

Illustration 7: Darstellung eines zweidimensionalen Arrays

Hier nun das komplette Programm mit Ausgabe, für welche wir aufgrund der zwei Achsen auch zwei verschachtelte Schleifen benötigen, um jeden Wert erreichen zu können.

```
int brett[8][8] = { 0 };

brett[2][1] = 1;
brett[4][2] = 2;
brett[3][5] = 3;
brett[6][7] = 4;

int i, j;

// Schleife fuer Zeilen, Y-Achse
for(i=0; i<8; i++) {
    // Schleife fuer Spalten, X-Achse
    for(j=0; j<8; j++) {
        printf("%d ", brett[i][j]);
    }
    printf("\n");
}
```

```
0 0 0 0 0 0 0 0
0 0 0 0 0 0 0 0
0 1 0 0 0 0 0 0
0 0 0 0 0 3 0 0
0 0 2 0 0 0 0 0
0 0 0 0 0 0 0 0
0 0 0 0 0 0 0 4
0 0 0 0 0 0 0 0
```

8.3.1 Initialisierung

Die Initialisierung zweidimensionaler Felder erfolgt nach unserer Definition der Achsen zeilenweise.

```
int brett[8][8] = { 1, 2, 3, 4, 5, 6, 7, 8, 1, 2, 3, 4 };
```

```
1 2 3 4 5 6 7 8
1 2 3 4 0 0 0 0
0 0 0 0 0 0 0 0
0 0 0 0 0 0 0 0
0 0 0 0 0 0 0 0
0 0 0 0 0 0 0 0
0 0 0 0 0 0 0 0
0 0 0 0 0 0 0 0
```

Allgemein wird bei Null angefangen zu zählen und von rechts her hochgezählt. Bei unserem Beispiel mit zwei Dimensionen und 12 Initialisierungs-Werten sind dabei folgende Indexierungen betroffen:

Zeile 1: [0][0], [0][1], [0][2], [0][3], [0][4], [0][5], [0][6], [0][7]
Zeile 2: [1][0], [1][1], [1][2], [1][3]

8.4 Mehrdimensionale Felder

Nachdem wir die zweidimensionalen Felder kennen gelernt haben, ist es nicht verwunderlich, dass es noch mehr Dimensionen gibt. Theoretisch sind den Dimensionen keine Grenzen gesetzt, es kann erstellt werden was der Speicher hergibt.

8.4.1 Dreidimensionale Felder

Für das Abbilden eines dreidimensionalen Raums eignen sich logischerweise dreidimensionale Felder. Wir wollen jetzt aber keine Räume abbilden, sondern nur kurz sehen, dass der Umgang damit analog zu zweidimensionalen Feldern ist.

```
int cube[2][2][2];
```

Wenn wir uns in einem dreidimensionalen Feld bewegen, können wir uns das Bild eines Würfels vorstellen. Hier sind die Indexierungen der drei Achsen an jeder Ecke dargestellt.

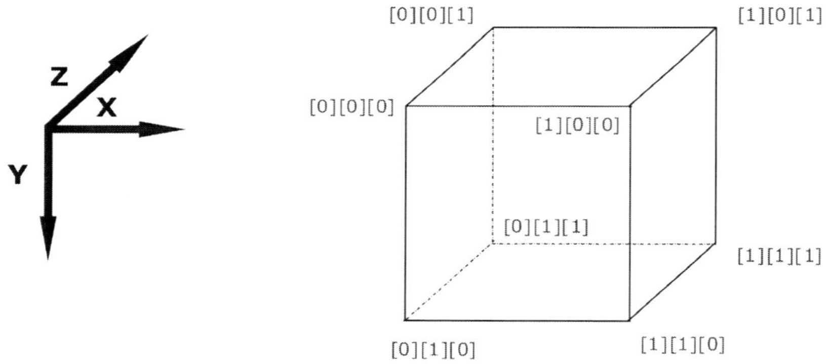

Illustration 8: Darstellung eines dreidimensionalen Arrays

Hier noch ein kurzes Beispiel, wie man alle Elemente mittels Schleifen erreicht. Eine passende grafische Ausgabemöglichkeit dreidimensionaler Bilder am Terminalbildschirm (Shell/Eingabeaufforderung) steht uns leider nicht zur Verfügung.

```
int cube[2][2][2];

int i, j, k, c=0;

for(i=0; i<2; i++) {
    for(j=0; j<2; j++) {
        for(k=0; k<2; k++) {
            c++;
            cube[i][j][k] = c;
            printf("cube[%d][%d][%d]: %d\n", i, j, k, cube[i][j][k]);
        }
    }
}
```

```
cube[0][0][0]: 1
cube[0][0][1]: 2
cube[0][1][0]: 3
cube[0][1][1]: 4
cube[1][0][0]: 5
cube[1][0][1]: 6
cube[1][1][0]: 7
cube[1][1][1]: 8
```

8.4.2 Vier- und Mehrdimensionale Felder

Das Spiel mit den Dimension kann beliebig weitergeführt werden, sofern es für die Programmierung Sinn macht. Der Umgang mit den Feldern erfolgt analog zu den zwei- und dreidimensionalen Feldern.

8.5 Zeigerarithmetik

Ein Array besteht im Prinzip nur aus Zeigern (Seite 56), welche auf die zum Array gehörenden Variablen zeigen. Der Zugriff auf die Variablen erfolgt also mittels Zeiger, wovon wir bisher nicht viel mitbekommen haben. Der Zugriff mittels den eckigen Klammern [ ] ist nur eine Möglichkeit, durch welche im Hintergrund ein Zeiger verwendet wird. Alternativ können wir auch direkt mit den Zeigern arbeiten.

8.5.1 Positionszeiger

Im folgenden Beispiel erstellen wir einen Positionszeiger, der immer auf einen Wert des Arrays zeigt. Die Adresse des ersten Elements erhalten wir durch den bloßen Feldnamen. Bei eindimensionalen Feldern sind kein Adressoperator **&** und keine eckigen Klammern notwendig.

```
int punkte[10] = { 1, 2, 3, 4, 5, 6, 7, 8, 9, 10 };

// Positionszeiger
int *pos;

// Position auf erstes Element setzen (punkte[0])
pos = punkte;
printf("(punkte[0]) Wert pos: %d\n", *pos);

// Position auf naechstes Element setzen (punkte[1])
pos++;
printf("(punkte[1]) Wert pos: %d\n", *pos);

// Position auf 5. Element setzen (punkte[4])
pos = punkte + 4;
printf("(punkte[4]) Wert pos: %d\n", *pos);

// Position auf vorheriges Element setzen (punkte[3])
pos--;
printf("(punkte[3]) Wert pos: %d\n", *pos);
```

```
(punkte[0]) Wert pos: 1
(punkte[1]) Wert pos: 2
(punkte[4]) Wert pos: 5
(punkte[3]) Wert pos: 4
```

Alternativ erhalten wir die erste Adresse eines Feldes auch mit dem Adressoperator **&** und der Indexierung auf das erste Element, z.B. **&punkte[0]**.

8.5.2 Ermittlung der Index-Nummer

Der Positionszeiger zeigt auf ein Element des Arrays. Möchte man den Index (Position) ermitteln, kann man das durch folgende Subtraktion tun: Adresse Positionszeiger - Startadresse Array.

```
int punkte[10] = { 1, 2, 3, 4, 5, 6, 7, 8, 9, 10 };

// Positionszeiger, Setzen auf 6.Element
int *pos = punkte + 5;

// Index berechnen
int index = pos - punkte;

printf("Index: %d\n", index);
printf("Wert pos / punkte[index]: %d\n", punkte[index]);
```

```
Index: 5
Wert pos / punkte[index]: 6
```

8.5.3 Mehrdimensionale Zeigerarithmetik

Je mehr Dimensionen vorliegen, desto anspruchsvoller ist die Zeigerarithmetik. Wie wir gesehen haben, benötigen wir immer eine Startadresse eines Feldes, um dann zu bestimmten Positionen springen zu können. Um sich in einem mehrdimensionalen Feld zu bewegen, ist es notwendig, dass man die Größen kennt. Zum Einen, um die Array-Grenzen nicht zu überschreiten. Zum Anderen, um die Positionen der Elemente bestimmen zu können.

```
// Array und Spaltengrenze setzen
int brett[8][8]={ 0 }, Y_Max=8;

// Startposition
int *posStart = &brett[0][0];

// Testwert setzen
brett[2][4] = 7;

// Beschaffung Testwert mit Zeigerarithmetik
int *pos;
pos = posStart + (2 * Y_Max) + 4;

printf("%d\n", *pos );
```

```
7
```

Die entscheidende Programmzeile ist die, in der der Positionszeiger **pos** gesetzt wird. Seine Seine Basis ist die Startadresse des Arrays. Benötigt wird der Wert in Zeile 2 und Spalte 4, Index [2][4]. Um dorthin zu kommen, müssen wir uns erst zeilenweise und dann spaltenweise vorarbeiten. Also setzen wir den Zeiger auf das erste Element in Zeile 2. Eine Zeile hat 8 Spalten-Elemente, also müssen wir den Zeiger 2 * 8 Elemente weiter rutschen. Zum Schluss addieren wir noch die 4, um in die vierte Spalte zu springen.

8.6 Speicherverwaltung

In den bisherigen Kapiteln haben wir Felder deklariert, bei denen die Größe zur Compilezeit bereits feststand. Oftmals ist die wirklich benötigte Größe eines Feldes erst später zur Laufzeit des Programmes bekannt. Da es nicht sehr effizient ist, immer den größtmöglichen Speicher zu reservieren, gibt es die **dynamische Speicherverwaltung**.

Hier nochmal die Deklaration eines Feldes **array1** mit fixer Größe, das exakt 100 Integer-Werte speichern kann. Darunter sehen wir den Versuch ein Feld **array2** zu erstellen und die Größe von einer Variable **size** abhängig zu machen. Prinzipiell muss der Wert für die Größe bei der Deklaration eines Feldes fest und unveränderbar sein. Deshalb kann die Größe eigentlich nicht durch eine Variable bestimmt werden. Es gibt aber mittlerweile schlaue Compiler, die das erlauben, sogar wenn **size** durch eine Benutzereingabe zur Laufzeit gesetzt wird. **Es wird aber absolut davon abgeraten, diese Variante zu wählen, da das Programm sonst möglicherweise nicht auf anderen Systemen läuft.**

```
int array1[100];

// kein Standard:
int size = 200;
int array2[size];
```

8.6.1 Dynamische Speicherverwaltung

Für die folgenden Funktionen zur dynamischen Speicherreservierung wird eine neue Bibliothek **stdlib.h** benötigt. Zudem sehen wir einen neuen Datentyp **size_t**. Dieser ist vom Typ **long int** und wird für die Angabe einer Datengröße in Byte verwendet. Die Funktion **sizeof** liefert bei Übergabe eines Datentyps wie **int** dessen benötigte Speichergröße in Byte. Der Datentyp des Rückgabewertes ist **size_t**.

8.6.2 Speicher reservieren mit malloc

Mit **Memory Allocation** reservieren wir zur Laufzeit des Programms auf sichere Art Speicherplatz, z.B. für Felder. Mit dem Parameter **size** wird die Größe des Speicherbedarfs in Byte übergeben. Der Rückgabewert ist ein **void**-Zeiger auf den Anfang des Speicherbereichs oder ein **NULL**-Zeiger, wenn kein freier Speicher mehr zur Verfügung steht. Der **void**-Zeiger soll aussagen, dass der Datentyp des belegten Speicherbereichs unbekannt ist.

```
void *malloc(size_t size);
```

In diesem Beispielprogramm hat der Benutzer durch eine Tastatureingabe die Möglichkeit, die Array-Größe zu bestimmen. Mit **sizeof(int)** erhalten wir die benötigte Größe zur Speicherung eines Integer-Wertes. Die Gesamtgröße ist abhängig von der Anzahl der Elemente, also wird die Einzelgröße noch mit der gewünschten Anzahl multipliziert. Da **malloc** einen **void**-Zeiger liefert, wir in diesem Fall aber einen **int**-Zeiger haben, casten (Seite 26) wir die Rückgabe mit **(int *)**. Das Casten ist nicht unbedingt notwendig, da der void-Zeiger automatisch in den richtigen Typ transformiert wird. Es ist jedoch sauberer und erleichtert die Arbeit, wenn man den Code später in C++ Projekten verwenden möchte.

```
#include<stdio.h>
#include<stdlib.h>

int main() {
    int size=0;
    int *array;

    printf("Array-Groesse eingeben: ");
    scanf("%d", &size);

    // Speicher reservieren
    array = (int *) malloc(size * sizeof(int));

    if(array != NULL) {
        printf("\nSpeicher ist reserviert\n");
    }else {
        printf("\nKein freier Speicher vorhanden.\n");
    }

    return 0;
}
```

```
Array-Groesse eingeben: 100

Speicher ist reserviert
```

8.6.3 Speicher reservieren mit calloc

Mit **Cleared Memory Allocation** wird ebenfalls Speicher reserviert, allerdings nicht nach Bytes, sondern nach Elementen. Der erste Parameter bestimmt die Anzahl der Elemente, der zweite die Größe eines Elementes. Im Prinzip kein großer Unterschied zu **malloc,** nur dass **calloc** alle Speicherstellen mit 0 initialisiert. **malloc** lässt den Speicherinhalt unverändert. Die Rückgabewerte sind identisch zu **malloc**.

void *calloc(size_t n, size_t size);

Zu unserem obigen **malloc** Beispielprogramm ändert sich nur eine Zeile:

```
array = (int *) calloc(size, sizeof(int));
```

8.6.4 Speicher freigeben mit free

Wenn Speicher reserviert wurde, sollte er tunlichst auch wieder freigegeben werden, sobald er nicht mehr benötigt wird. Wird regelmäßig Speicher reserviert, ohne ihn wieder freizugeben, bringt man eventuell die Kapazitäten zum Erschöpfen. Ist dadurch der Speicher komplett belegt, werden die Daten auf die Festplatte ausgelagert, was viel Zeit in Anspruch nimmt.

- **free** kann nur Speicher freigeben, welcher mit **malloc** oder **calloc** reserviert wurde
- **free** kann nur Speicher freigeben, welcher vorher noch nicht freigegeben wurde

```
#include<stdio.h>
#include<stdlib.h>

int main() {
    int size=100;
    int *array;

    // Speicher reservieren
    array = (int *) calloc(size, sizeof(int));

    // Speicher freigeben
    free(array);

    return 0;
}
```

8.7 Übungen

8.7.1 Teil 1 - Notendurchschnitt

Schreibe ein Programm, dass den Benutzer auffordert, 10 Schulnoten als Kommazahlen einzugeben. Diese Zahlen sollen in einem Array zwischengespeichert werden. Im Anschluss berechnet das Programm die Summe und den Durchschnitt. Diese Daten werden am Bildschirm ausgegeben.

8.7.2 Teil 2 - Spielfeld

Es soll ein einfaches Spiel entwickelt werden. In dieser Aufgabe soll lediglich die Spielfigur auf dem Brett bewegt werden können. Das Spielfeld wird in einem Feld gespeichert. Die Aufgabenstellung:

- Das Feld hat eine Größe von 8 x 8
- Die Startposition der Figur ist oben links ([0][0])
- In einer Schleife werden die Bewegungsbefehle entgegengenommen
- Mit den Tasten **w, a ,s , d** kann man die Figur auf dem Feld bewegen
- **w** hoch, **a** links, **s** runter, **d** rechts
- Wird die Spielfeldgrenze überschritten, landet die Figur auf der gegenüberliegenden Seite
- Das Programm lässt sich mit **x** beenden

Entwicklungskriterien:

- Das Feld ist vom Typ **int**
- Das Feld wird mit 0-Werten initialisiert, 0 bedeutet freier Platz
- Die Spielfigur wird mit dem Wert 1 auf dem Spielfeld markiert
- Es gibt mindestens 2 Funktionen, eine für die Ausgabe des Feldes und eine für das Bewegen der Figur
- Die Position der Figur und das Feld wird mit Zeigern übergeben, siehe Funktions-Prototypen unten

```
void printField(int *field);
void move(int *field, int *posX, int *posY, char zug);
```

field ist der Zeiger auf das erste Element des Feldes. **posX** und **posY** enthalten int-Werte mit der aktuellen Position der Spielfigur. **zug** enthält das Bewegungs-Kommando (w, a, s, d). Schaue dir zum besseren Verständnis die Beispielhafte Bildschirm-Ausgabe (Kapitel 8.7.4) an.

8.7.3 Lösung Teil 1

Ein Lösungsvorschlag zur Übung mit Feldern Teil 1.

```
float noten[10], summe=0;
int anzahl=10, i;

// Noten einlesen
for(i=0; i<anzahl; i++) {
    printf("\nBitte geben sie eine Note ein: ");
    scanf("%f", &noten[i]);
}

// Summe berechnen
for(i=0; i<anzahl; i++) {
    summe += noten[i];
}

printf("\nDie Summe ist %.2f\n", summe);
printf("Der Durchschnitt ist %.2f\n", summe / anzahl);
```

```
Bitte geben sie eine Note ein: 1.5
Bitte geben sie eine Note ein: 4
Bitte geben sie eine Note ein: 6
Bitte geben sie eine Note ein: 5
Bitte geben sie eine Note ein: 5
Bitte geben sie eine Note ein: 5
Bitte geben sie eine Note ein: 5
Bitte geben sie eine Note ein: 5
Bitte geben sie eine Note ein: 5
Bitte geben sie eine Note ein: 5
Die Summe ist 46.50
Der Durchschnitt ist 4.65
```

8.7.4 Ausgabe Teil 2

So sieht die Ausgabe des Lösungsvorschlags zur Übung Arrays Teil 2 aus:

```
Beenden mit x

1 0 0 0 0 0 0 0
0 0 0 0 0 0 0 0
0 0 0 0 0 0 0 0
0 0 0 0 0 0 0 0
0 0 0 0 0 0 0 0
0 0 0 0 0 0 0 0
0 0 0 0 0 0 0 0
0 0 0 0 0 0 0 0

Zug [w hoch, a links, s runter, d rechts]: s

0 0 0 0 0 0 0 0
1 0 0 0 0 0 0 0
0 0 0 0 0 0 0 0
0 0 0 0 0 0 0 0
0 0 0 0 0 0 0 0
0 0 0 0 0 0 0 0
0 0 0 0 0 0 0 0
0 0 0 0 0 0 0 0

Zug [w hoch, a links, s runter, d rechts]: d

0 0 0 0 0 0 0 0
0 1 0 0 0 0 0 0
0 0 0 0 0 0 0 0
0 0 0 0 0 0 0 0
0 0 0 0 0 0 0 0
0 0 0 0 0 0 0 0
0 0 0 0 0 0 0 0
0 0 0 0 0 0 0 0

Zug [w hoch, a links, s runter, d rechts]: w

0 1 0 0 0 0 0 0
0 0 0 0 0 0 0 0
0 0 0 0 0 0 0 0
0 0 0 0 0 0 0 0
0 0 0 0 0 0 0 0
0 0 0 0 0 0 0 0
0 0 0 0 0 0 0 0
0 0 0 0 0 0 0 0

Zug [w hoch, a links, s runter, d rechts]: w

0 0 0 0 0 0 0 0
0 0 0 0 0 0 0 0
0 0 0 0 0 0 0 0
0 0 0 0 0 0 0 0
0 0 0 0 0 0 0 0
0 0 0 0 0 0 0 0
0 0 0 0 0 0 0 0
0 1 0 0 0 0 0 0

Zug [w hoch, a links, s runter, d rechts]: a

0 0 0 0 0 0 0 0
0 0 0 0 0 0 0 0
0 0 0 0 0 0 0 0
0 0 0 0 0 0 0 0
0 0 0 0 0 0 0 0
0 0 0 0 0 0 0 0
0 0 0 0 0 0 0 0
```

```
1 0 0 0 0 0 0 0

Zug [w hoch, a links, s runter, d rechts]: a

0 0 0 0 0 0 0 0
0 0 0 0 0 0 0 0
0 0 0 0 0 0 0 0
0 0 0 0 0 0 0 0
0 0 0 0 0 0 0 0
0 0 0 0 0 0 0 0
0 0 0 0 0 0 0 0
0 0 0 0 0 0 0 1

Zug [w hoch, a links, s runter, d rechts]: x
```

8.7.5 Lösung Teil 2

Ein Lösungsvorschlag zur Übung mit Feldern Teil 2.

```
#include<stdio.h>

void printField(int *field);
void move(int *field, int *posX, int *posY, char zug);

int main() {

    int field[8][8] = { 0 }, posX=0, posY=0;
    char zug;

    // setzen der Spielfigur
    field[posY][posX] = 1;

    printf("\nBeenden mit x\n");

    do {
        printField(&field[0][0]);
        printf("\nZug [w hoch, a links, s runter, d rechts]: ");
        scanf("%c", &zug);
        move(&field[0][0], &posX, &posY, zug);
    }while(zug != 'x');

    return 0;
}


// Ausgabe Spielfeld
void printField(int *field) {
    printf("\n");
    int i, j;
    // Schleife fuer Zeilen, Y-Achse
    for(i=0; i<8; i++) {
        // Schleife fuer Spalten, X-Achse
        for(j=0; j<8; j++) {
            printf("%d ", *(field+i*8+j));
        }
        printf("\n");
    }
}

// Spielfigur bewegen
void move(int *field, int *posX, int *posY, char zug) {
    // alte Position loeschen
    *(field + *posY * 8 + *posX) = 0;

    // neue Position bestimmen
    switch(zug) {
        case 'w': (*posY)--; break;
        case 'a': (*posX)--; break;
        case 's': (*posY)++; break;
        case 'd': (*posX)++; break;
    }

    // Grenzueberschreitung pruefen
    if(*posX < 0) *posX = 7;
    if(*posX > 7) *posX = 0;
    if(*posY < 0) *posY = 7;
    if(*posY > 7) *posY = 0;

    // neue Position setzen
    *(field + *posY * 8 + *posX) = 1;
}
```

9 Variablen und Konstanten

9.1 Gültigkeitsbereich

Bisher haben wir nur auf Variablen innerhalb eines Blockes **{ }** zugegriffen. Hat eine Funktion Werte benötigt, so wurden diese mit Parametern übergeben. Es ist aber auch möglich, von mehreren Blöcken aus ein und dieselbe Variable zu verändern. Solch eine Variable nennt man **globale Variable**. Folgendes Programm soll das Problem verdeutlichen, es funktioniert jedoch nicht, da die Variable **counter** nicht global ist.

```
#include<stdio.h>

void zaehlen() {
    counter += 1;
}

int main() {
    int counter = 0;
    zaehlen();
    printf("Zaehler: %d\n", counter);
    return 0;
}
```

```
4: error: 'counter' undeclared (first use in this function)
```

Fehler in Zeile 4: Die Funktion **zaehlen()** kennt die Variable **counter** nicht, da **counter** im Block der Hauptfunktion deklariert ist und somit nur innerhalb der Hauptfunktion **main()** erreichbar ist.

9.2 Globale Variablen

Ist eine Variable global, so kann man von jedem Ort aus auf sie zugreifen. Eine Variable wird global, indem man sie nicht in einem Block, sondern außerhalb der Hauptfunktion deklariert.

```
#include<stdio.h>

// globale Variable
int counter = 0;

void zaehlen() {
    counter += 1;
}

int main() {
    zaehlen();
    printf("Zaehler: %d\n", counter);
    return 0;
}
```

```
Zaehler: 1
```

9.3 Statische Variablen

Nachdem wir die globalen Variablen kennengelernt haben, sehen wir nun, wie wir die gleiche Problemstellung mit statischen Variablen lösen können. Deklarieren wir innerhalb eines Blocks "{...}" Variablen, so haben wir gelernt, dass diese nach dem Durchlauf des Blocks nicht mehr existieren. Kennzeichnen wir Variablen allerdings mit **static**, werden diese statisch und behalten ihre Stellung. Dies funktioniert, weil eine statische Variable einen festen Bereich im Speicher verwendet und diesen eben beibehält.

In dem nächsten Beispiel wollen wir das bekannte Beispiel mit der Zählvariable mit **static** lösen. Dies ist auch eine sauberere Lösung, da die Variable zum Zählen innerhalb der Funktion **zaehlen()** deklariert und somit thematisch zugeordnet wird.

In der Funktion **zaehlen()** deklarieren wir zuerst die statische Zählvariable counter und initialisieren diese mit **0**. Danach geben wir den Wert um eins erhöht zurück. In der Hauptfunktion rufen wir lediglich ein paar mal die **zaehlen()**-Funktion auf und geben den Rückgabewert aus.

```
#include<stdio.h>

int zaehlen() {
      static int counter = 0;
      return ++counter;
}

int main() {
      printf("Zaehler: %d\n", zaehlen());
      printf("Zaehler: %d\n", zaehlen());
      printf("Zaehler: %d\n", zaehlen());
      return 0;
}
```

```
Zaehler: 1
Zaehler: 2
Zaehler: 3
```

9.4 Konstante Variablen

In der Programmierung kommt es oft vor, dass man einen konstanten Wert an vielen verschiedenen Stellen im Programm benötigt. Wenn wir zum Beispiel ein Programm für die Buchhaltung schreiben würden, müssten wir oft die Mehrwertsteuer ausrechnen - momentan sind es 19%. Würde sich die Mehrwertsteuer ändern, müssten wir an allen Stellen die 19% abändern. Um dies zu umgehen, kann man eine globale Variable verwenden, oder eine symbolische Konstante. Dadurch ändern wir nur an einer Stelle den Wert, den alle Berechnungen verwenden. Für derartige Fälle wie die Mehrwertsteuer wäre es sinnvoll, die Variabel unveränderbar zu machen, damit der Wert nicht aus Versehen geändert wird. Hierfür verwenden wir Konstanten.

9.4.1 Konstante Variable

Eine konstante Variable ist eine Variable, dessen Wert nach der Initialisierung (Seite 22) nicht mehr geändert werden kann. Man nennt sie auch Konstante und kennzeichnet sie mit dem Schlüsselwort **const** für constant. Für die konstante Mehrwertsteuer-Variable könnten wir uns folgendes Beispielprogramm vorstellen.

```
#include<stdio.h>

// konstante Variable
const float MwStFaktor = 0.19;

int main() {
    float betrag = 350.0;
    float mwst = betrag * MwStFaktor;
    printf("%.f% von %.2f Euro: %.2f Euro\n",
        MwStFaktor * 100, betrag, betrag * MwStFaktor);
    return 0;
}
```

```
19% von 350.00 Euro: 66.50 Euro
```

9.4.2 Konstante Zeiger bei Funktions-Parameter

Erhält eine Funktion einen Zeiger auf einen Wert, so kann sie diesen Wert ändern. Eine Absicherung dafür bringt die Deklarierung der Parameter als **const**. Hierbei kann man sich beim Aufrufen sicher sein, dass die Werte von der Funktion nicht verändert werden können. Dies gibt bei sensiblen Daten ein Gefühl der Sicherheit.

```
#include<stdio.h>

void ausgabeMwSt(const float *geld) {
    float mwst = *geld * 0.19;
    printf("MwSt: %.2f Euro\n", mwst);
}

int main() {
    float betrag = 350.0;
    ausgabeMwSt(&betrag);
    return 0;
}
```

```
MwSt: 66.50 Euro
```

9.5 Symbolische Konstanten

Dieses Thema Symbolische Konstanten gehört thematisch zum Präprozessor und wird auf Seite 100 erklärt.

10 Strings (Zeichenketten)

Wir haben gelernt, dass wir für die Verarbeitung von einzelnen Zeichen den Datentyp char verwenden. Nun lernen wir den Umgang mit Zeichenketten, auch Strings genannt. Diese sind nichts anderes als aneinandergereihte Zeichen, folglich also ein **char**-Array.

```
char string[] = "die schoenen Dinge im Leben sind umsonst.";

printf("Denke daran, %s\n", string);
```

```
Denke daran, die schoenen Dinge im Leben sind umsonst.
```

Wie zu sehen ist, initialisieren wir ein char Array mit einer Zeichenkette. Strings werden in C mit doppelten Hochkommas **"** eingeschlossen. Die Array-Größe ist gleich der Anzahl der Buchstaben des Initialisierungs-Strings. Die geschweiften Klammern benötigen wir bei der String-Initialisierung nicht. Für die Ausgabe eines Strings verwenden wir den Formatierungstyp **%s**. Die einzelnen Zeichen können wir mit dem üblichen Array-Zugriffsverfahren auslesen und verändern:

```
char string[] = "die schoenen Dinge im Leben sind umsonst.";

printf("erstes Zeichen: %c\n", string[0]);
printf("fuenftes Zeichen: %c\n", *(string+4));
printf("letztes Zeichen: %c\n", string[40]);

string[0] = 'D';
printf("\n%s\n", string);
```

```
erstes Zeichen: d
fuenftes Zeichen: s
letztes Zeichen: .

Die schoenen Dinge im Leben sind umsonst.
```

10.1 Nullterminiert

Ein String besteht in C aus einem **char**-Feld. Dieses Feld ist meist größer als der der String selbst. Ein Beispiel:

```
char text[100] = "Hallo";
```

Hier speichern wir in einem Feld der Größe 100 lediglich 5 Zeichen. Damit wir im Umgang mit Strings wissen, wo das Ende in der Zeichenkette ist, werden Strings in C mit dem ASCII-Zeichen 0 abgeschlossen: '**\0**'. D.h. im Hauptspeicher steht nicht nur "Hallo", sondern "**Hallo\0**". Bei der Initialisierung ohne die geschweiften Klammern und bei den String-Funktionen wird das Ende-Zeichen automatisch gesetzt. Das Ende-Zeichen dient nur zur Markierung, deshalb ist es bei der Ausgabe auch nicht zu sehen. Wir sprechen hierbei von sogenannten nullterminierten Strings. Bei der Deklaration von String-Feldern sollte also auch immer an das Ende-Zeichen gedacht werden, da dieses einen zusätzlichen Platz benötigt. So ist dieses Feld komplett gefüllt:

```
char text[6] = "Hallo";
```

Weiters haben wir dadurch die Möglichkeit Strings abzuschneiden, indem wir das Ende-Zeichen manuell setzen:

```
char text[10] = "abcdefg";
printf("%s\n", text);
text[3] = '\0';
printf("%s\n", text);
```

```
abcdefg
abc
```

10.2 String-Funktionen

In diesem Kapitel erfahren wir, wie man Strings verarbeitet. Dafür wenden wir vorhandene String-Funktionen auf char-Arrays an. Um diese String-Funktionen nutzen zu können, müssen wir eine neue Bibliothek einbinden: **string.h**. Unsere erste String-Funktionen **strlen()** ermittelt die Länge eines Strings bzw.. die Anzahl seiner Zeichen.

```
#include<stdio.h>
#include<string.h>

int main() {
    char string[] = "Die schoenen Dinge im Leben sind umsonst.";
    int laenge = strlen(string);
    printf("Laenge: %d Zeichen\n", laenge);
    return 0;
}
```

```
Laenge: 41 Zeichen
```

Bei dem Einsatz der String-Funktionen muss also immer darauf geachtet werden, dass die Zeile #include<string.h> oben im Programm steht, damit die Funktionen für die Stringverarbeitung eingebunden werden.

10.2.1 String kopieren

Mit **String Copy** können wir den Inhalt eines Strings kopieren.

- ***dest** ist Zeiger auf Ziel-Array
- ***src** ist Zeiger auf Quell-Array
- Rückgabewert ist char Zeiger auf Ziel-Array

Die Zeiger-Benennungen **dest** und **src** stehen für **destinantion** (Ziel) und **source** (Quelle). Diese Namen werden in den weiteren Kapiteln noch öfters auftreten. In diesem Beispiel ist es nicht nötig den Rückgabewert abzufangen.

```
char * strcpy(char *dest, char *src);
```

```
char textA[5] = "abc";
char textB[5] = "abc";

printf("Text A: %s\nText B: %s\n\n", textA, textB);

// konstante Zeichenkette in String B kopieren
strcpy(textB, "xyz");
printf("Text A: %s\nText B: %s\n\n", textA, textB);

// char-Array B zu char-Array A kopieren
strcpy(textA, textB);
printf("Text A: %s\nText B: %s\n\n", textA, textB);
```

```
Text A: abc
Text B: abc

Text A: abc
Text B: xyz

Text A: xyz
Text B: xyz
```

10.2.2 Bestimmte Anzahl von Zeichen kopieren

Mit **strncpy** kopiert man **n** Zeichen von **src** nach **dest**. **Wichtig**: Ist die Länge des zu kopierenden Strings kleiner als die Länge des Quell-Strings, wird das Ende-Zeichen im Ziel-String nicht gesetzt. Dies muss also manuell gesetzt werden.

```
char * strncpy(char *dest, char *src, int n);
```

```
char textA[10] = "123456";
char textB[10];

// kopiere in textB 3 Zeichen von textA
strncpy(textB, textA, 3);

// Ende-Zeichen setzen
textB[3] = '\0';

printf("Text A: %s\nText B: %s\n\n", textA, textB);
```

```
Text A: 123456
Text B: 123
```

10.2.3 String verketten

Mit **strcat** können wir Strings verketten, also aneinanderhängen. Das Ergebnis wird in **dest** gespeichert.

```
char * strcat(char *dest, char *src);
```

```
char textA[10] = "abc";
char textB[5] = "xyz";

printf("Text A: %s\nText B: %s\n\n", textA, textB);

// haenge Zeichenkette textB an textA an
strcat(textA, textB);

printf("Text A: %s\nText B: %s\n\n", textA, textB);
```

```
Text A: abc
Text B: xyz

Text A: abcxyz
Text B: xyz
```

10.2.4 Bestimmte Anzahl von Zeichen verketten

Mit **strncat** können wir **dest n** Zeichen aus **src** anhängen.

```
char * strncat(char *dest, char *src, int n);
```

```
char textA[10] = "abc";
char textB[10] = "defxyz";

printf("Text A: %s\nText B: %s\n\n", textA, textB);
```

```
// haenge 3 Zeichen aus textB der Zeichenkette textA an
strncat(textA, textB, 3);

printf("Text A: %s\nText B: %s\n\n", textA, textB);
```

```
Text A: abc
Text B: defxyz

Text A: abcdef
Text B: defxyz
```

10.2.5 String vergleichen

Mit **String Compare** können wir zwei Strings vergleichen. Der Rückgabewert kann hierbei folgende Werte haben:

- **0:** die Strings sind gleich
- **>0:** das erste ungleiche Zeichen in str1 ist größer als in str2
- **<0** das erste ungleiche Zeichen in str1 ist kleiner als in str2

```
int strcmp(char *str1, char *str2);
```

```
char str1[] = "aaXaa";
char str2[] = "aaYaa";

// vergleiche str1 mit str2, X < Y, also <0
printf("Vergleich str1 mit str2: %d\n", strcmp(str1, str2));

// vergleiche str2 mit str1, Y > X, also >0
printf("Vergleich str2 mit str1: %d\n", strcmp(str2, str1));

// setze Strings gleich
strcpy(str2, str1);

if(strcmp(str1, str2) == 0) {
    printf("str1 ist gleich str2!\n");
}
```

```
Vergleich str1 mit str2: -1
Vergleich str2 mit str1: 1
str1 ist gleich str2!
```

10.2.6 Bestimmte Anzahl von Zeichen vergleichen

Mit **strncmp** und dem Parameter **n** können wir die ersten **n** Zeichen der Strings vergleichen.

```
int strncmp(char *str1, char *str2, int n);
```

```
char str1[] = "aaXaa";
char str2[] = "aaYaa";

printf("Vergleich der ersten 2 Zeichen: %d\n", strncmp(str1, str2, 2));
printf("Vergleich der ersten 3 Zeichen: %d\n", strncmp(str1, str2, 3));
```

```
Vergleich der ersten 2 Zeichen: 0
Vergleich der ersten 3 Zeichen: -1
```

10.2.7 String suchen

Bisher haben wir nur einzelne Zeichen in einem String gesucht. Mit **strstr** können wir nach Zeichenketten in einem String suchen. Das Gesuchte wird auch gerne Needle genannt (engl. "need" = "benötige"). Der Rückgabewert ist die Adresse vom Anfang des gefundenen Needles im String, ansonsten **NULL**.

```
char * strstr(char *string, char *needle);
```

```
char string[] = "aa123aa";
char needle[] = "123";

if(strstr(string, needle)) {
    printf("String enthaelt '123'\n");
}
```

```
String enthaelt '123'
```

10.2.8 Zeichen suchen

Mit **String Char** können wir ein Zeichen in einem String suchen. Das zu suchende Zeichen wird mit dem Parameter **c** als ASCII-Code (Seite 138) übergeben. Die Rückgabewerte:

- **NULL**, wenn das Zeichen nicht gefunden wurde
- Adresse des **ersten** gefundenen Zeichens, wenn es vorkommt

```
char * strchr(char *s, int c);
```

```
char string[] = "aaXaa";

if(strchr(string, 'X')) {
    printf("String enthaelt ein X\n");
}
```

```
String enthaelt ein X
```

10.2.9 Rückwärts suchen

Mit **String Reverse Char** beginnen wir am Ende des Strings zu suchen. Wird das Zeichen gefunden, ist dies das letzte Vorkommen des Zeichens im String. In dem Beispiel werden die gefundenen Zeichen verändert, was das unterschiedliche Verhalten der Funktionen **strchr** und **strrchr** demonstrieren soll.

```
char * strrchr(char *s, int c);
```

```
char string[] = "aaXaaXaa";

printf("vorher: %s\n", string);

char *c1 = strchr(string, 'X');
char *c2 = strrchr(string, 'X');

*c1 = 'A';
*c2 = 'B';

printf("nachher: %s\n", string);
```

```
vorher: aaXaaXaa
nachher: aaAaaBaa
```

10.2.10 Länge von einer Zeichenfolge

Mit **String Span** ermitteln wir die Länge einer Folge von Zeichen in einem String, welche nur Zeichen aus **spanset** enthält. Die gesuchten Zeichen sollten bereits am String-Anfang vorkommen. Zeichen in der Mitte des Strings werden nicht erkannt.

```
size_t strspn(char *string, char *spanset);
```

```
char string[] = "66 Jahre";
char spanset[] = "1234567890";

int len = strspn(string, spanset);

printf("Die Laenge der Zahl: %d\n", len);
```

```
Die Laenge der Zahl: 2
```

```
size_t strcspn(char *string, char *spanset);
```

Möchte man das umgekehrte Verhalten der Suchfunktion, so wählt man **strcspn**. Die Funktion ermittelt die Länge der Folge von Zeichen, welche nicht in **spanset** vorkommen.

```
char string[] = "Kurt ist 33 Jahre";
char spanset[] = "1234567890";

int len = strcspn(string, spanset);

printf("Das Alter von Kurt steht an Position %d\n", len);
```

```
Das Alter von Kurt steht an Position 9
```

10.2.11 Zeichen-Set suchen

```
char * strpbrk(char *string, char *spanset);
```

Mit **strpbrk** finden wir alle vorkommenden Zeichen in einem String, welche in **spanset** übergeben werden. Der Rückgabewert ist ein char Zeiger auf das gefundene Zeichen.

In diesem Beispiel suchen wir die ersten 2 Ziffern in einem String. Es wird ein Such-Zeiger verwendet, welcher den Such-Anfang bestimmt. Bei einem Fund zeigt der Such-Zeiger auf das gesuchte Zeichen. Im nächsten Such-Durchlauf muss der Such-Zeiger im String eine Position weiterrutschen, damit die nächste Ziffer gefunden werden kann.

```
char string[] = "aa2aa5aa6aa";
char spanset[] = "1234567890";

// Such-Zeiger auf den Beginn von string setzen
char *ptr = string;

// naechste Ziffer suchen
ptr = strpbrk(ptr, spanset);

printf("Ziffer gefunden: %c\n", *ptr);

// Such-Zeiger weiterruecken
ptr++;

// naechste Ziffer suchen
ptr = strpbrk(ptr, spanset);

printf("Ziffer gefunden: %c\n", *ptr);
```

```
Ziffer gefunden: 2
Ziffer gefunden: 5
```

10.2.12 String zerteilen

Mit **strtok** können wir einen String anhand von Trennzeichen zerteilen und die einzelnen Abschnitte herauslesen. Die Trennzeichen werden im Parameter **delimiter** (Begrenzungszeichen, Separator) übergeben. In diesem Beispiel werden alle Abschnitte aus **string** herausgelesen, welche mit Komma oder Strich-Punkt begrenzt werden. Beim ersten Aufruf muss **strtok** mit einem String initialisiert werden. Die Rückgabe ist hierbei der erste Abschnitt. Bei Folgeaufrufen wird statt **string** der **NULL** Wert übergeben, da **strtok** bereits initialisiert ist und intern einen Zeiger auf **string** gespeichert hat. Der Zeiger **ptr**, welcher den Rückgabewert abfängt, zeigt auf das erste Zeichen des jeweiligen Abschnittes in **string**. Das jeweilige Ende wird mit **\0** in **string** gesetzt. D.h. der **String wird verändert**. Deshalb sollte man beim Verwenden von **strtok** immer nur eine Kopie eines Strings übergeben.

```
char * strtok(char *string, char *delimiters);
```

```
char string[] = "Kurt,Kanns;555678;DE";
char delimiter[] = ",;";
char *ptr;

// initialisieren und ersten Abschnitt erstellen
ptr = strtok(string, delimiter);

while(ptr != NULL) {
    printf("Abschnitt gefunden: %s\n", ptr);
    // naechsten Abschnitt erstellen
    ptr = strtok(NULL, delimiter);
}
```

```
Abschnitt gefunden: Kurt
Abschnitt gefunden: Kanns
Abschnitt gefunden: 555678
Abschnitt gefunden: DE
```

10.3 Typumwandlung

Möchte man Zahlen verarbeiten, welche in einem String vorkommen, gibt es eine Reihe von Umwandlungsfunktionen dafür. Hierfür wird die Bibliothek **stdlib.h** benötigt.

- String zu int: **atoi()**
- String zu long int: **atol()**
- String zu float, double: **atof()**

Die Funktions-Prototypen dazu:

```
int atoi(const char *string);

double atof(const char *string);

long atol(const char *string);
```

Hier ein Beispiel für die Konvertierung von ganzen Zahlen mit **atoi**. Die Funktionen **atol** und **atof** werden analog angewandt.

```
char charNumber1[] = "100";
char charNumber2[] = "23";

int number1 = atoi(charNumber1);
int number2 = atoi(charNumber2);

int sum = number1 + number2;

printf("%d + %d  = %d\n", number1, number2, sum);
```

```
100 + 23  = 123
```

10.4 Übungen

10.4.1 Teil 1 - String To Lower

Schreibe eine Funktion, welche ein Zeiger auf einen String (char Array) übergeben werden kann. Die Funktion soll alle Großbuchstaben in Kleinbuchstaben umwandeln. Implementiert werden soll die Funktion in einer **for** Schleife mit lediglich einem **if**. Ein Blick auf die ASCII-Tabelle (Seite 138) ist auch hilfreich. Der Rückgabewert ist der Zeiger auf den bearbeiteten String. Dieser muss im Hauptprogramm aber nicht abgefangen werden, da die Funktion den String direkt über Zeiger verändert. Verwende diesen Funktions-Prototyp:

```
char * stringToLower(char *string);
```

10.4.2 Teil 2 - String Compare Differences

Schreibe eine Funktion, die zwei Strings miteinander vergleicht. Unterscheiden sich im zweiten String Zeichen an der gleichen Position im ersten String, werden diese in einem Ergebnis-String gespeichert. Das Problem ist mit einer Schleife und einer **if** Anweisung lösbar. Rückgabewert ist der Zeiger auf den Ergebnis String, also Parameter **result**. Sind die Strings identisch, wird ein Leer-String zurückgegeben. Der Funktions-Prototyp und Beispiel-Ausgabe:

```
char * stringCompareDif(char *string1, char *string2, char *result);
```

10.4.3 Teil 3 - String Remove Chars

Schreibe eine Funktion, die in einem String bestimmte Zeichen entfernt, sprich durch Leerzeichen ersetzt. Der erste Parameter der Funktion ist der zu bearbeitende String. Der zweite Parameter enthält die zu entfernenden Zeichen. Dies ist mit **strpbrk** und mit einer Schleife zu lösen. Um ein besseres Verständnis für die Arbeitsweise dieser Hilfsfunktionen zu erhalten, kann diese Aufgabe auch von Hand ohne strpbrk umgesetzt werden.

```
char * stringRemoveChars(char *string, char *spanset);
```

In dieser Beispiel-Ausgabe wurde die zu entwickelnde Funktion verwendet, um Zahlen in einem String zu entfernen.

10.4.4 Teil 4 - String Replace

Es soll eine Funktion geschrieben werden, welche in einem String einen String ersetzt. Der gesuchte String und der Ersetzungs-String können hierbei eine unterschiedliche Länge haben. Dafür wäre die Verwendung der dynamischen Speicherverwaltung (Seite 66) hilfreich.

```
char * stringReplace(char *search, char *replace, char *string);
```

10.4.5 Lösung Teil 1 - String To Lower

Ein Lösungsvorschlag zur Übung mit Strings Teil 1.

```
/*
* String To Lower
* ersetzt in einem String Großbuchstaben durch Kleinbuchstaben
**/

#include<stdio.h>
#include<string.h>

char * stringToLower(char*);

int main() {
    char string[] = "Die schoenen Dinge im Leben sind umsonst.";
    printf("vorher: \t%s\n", string);
    stringToLower(string);
    printf("nachher:\t%s\n", string);
    return 0;
}

char * stringToLower(char *string) {
    int i;
    int len = strlen(string);
    for(i=0; i<len; i++) {
        if(string[i] >= 'A' && string[i] <= 'Z') {
            string[i] += 32;
        }
    }
    return string;
}
```

```
vorher:         Die schoenen Dinge im Leben sind umsonst.
nachher:        die schoenen dinge im leben sind umsonst.
```

10.4.6 Lösung Teil 2 – String Compare Differences

Ein Lösungsvorschlag zur Übung mit Strings Teil 2.

```
/*
 * String Compare get Differences
 * vergleicht string1 mit string2 und speichert alle Zeichen von string2,
 * welche sich von string1 unterscheiden in result
 **/

#include<stdio.h>
#include<string.h>

char * stringCompareDif(char*, char*, char*);

int main() {
    char string1[] = "Die schoenen Dinge im Leben sind umsonst.";
    char string2[] = "die Schoenen dinge Im leben Sind Umsonst.";
    char dif[100];

    printf("String 1: \t%s\n", string1);
    printf("String 2: \t%s\n", string2);

    stringCompareDif(string1, string2, dif);
    printf("Unterschiede:\t%s\n", dif);
    return 0;
}

char * stringCompareDif(char *string1, char *string2, char *result) {
    int i, c=0;
    int len1 = strlen(string1);
    int len2 = strlen(string2);
    int len = (len1 < len2)?len1:len2;

    for(i=0; i<len; i++) {
        if(string1[i] != string2[i]) {
            result[c] = string2[i];
            c++;
        }
    }
    result[c] = '\0';

    return result;
}
```

```
String 1:       Die schoenen Dinge im Leben sind umsonst.
String 2:       die Schoenen dinge Im leben Sind Umsonst.
Unterschiede:   dSdIlSU
```

10.4.7 Lösung Teil 3 - String Remove Chars

Ein Lösungsvorschlag zur Übung mit Strings Teil 2.

```
/*
* String Remove Chars
* ersetzt die in spanset uebergebenen Zeichen in string durch Leerzeichen
**/

#include<stdio.h>
#include<string.h>

char * stringRemoveChars(char*, char*);

int main() {
    char string[] = "8Die1schoenen4Dinge6im3Leben9sind0umsonst.5";
    char spanset[] = "1234567890";

    printf("vorher: \t%s\n", string);
    stringRemoveChars(string, spanset);
    printf("nachher: \t%s\n", string);
    return 0;
}

char * stringRemoveChars(char *string, char *spanset) {
    char *ptr = string;
    ptr = strpbrk(ptr, spanset);

    while(ptr != NULL) {
        *ptr = ' ';
        ptr = strpbrk(ptr, spanset);
    }

    return string;
}
```

```
vorher:         8Die1schoenen4Dinge6im3Leben9sind0umsonst.5
nachher:         Die schoenen Dinge im Leben sind umsonst.
```

10.4.8 Lösung Teil 4 - String Replace

Ein Lösungsvorschlag zur Übung mit Strings Teil 4.

```
/*
* String Replace
* ersetzt einen String in einem String, der Such- und Ersetzungs-String
* koennen unterschiedlicher Laenge sein. Der String, in dem die
* Ersetzung stattfindet, muss jedoch groß genug sein um die Ersetzung
* speichern zu koennen.
**/

#include<stdio.h>
#include<string.h>
#include<stdlib.h>

char * stringReplace(char*, char*, char*);

int main() {
    char string[100] = "Die schoenen Sachen im Leben sind umsonst.";
    char search[] = "Sachen";
    char replace[] = "Dinge";

    printf("vorher: \t%s\n", string);
    stringReplace(search, replace, string);
    printf("nachher: \t%s\n", string);

    return 0;
```

```
}

char * stringReplace(char *search, char *replace, char *string) {
    char *tempString, *searchStart;
    int len=0;

    // Speicher reservieren
    tempString = (char*) malloc(strlen(string) * sizeof(char));
    if(tempString == NULL) {
        return NULL;
    }

    // preuefe ob Such-String vorhanden ist
    searchStart = strstr(string, search);
    if(searchStart == NULL) {
        return string;
    }

    // temporaere Kopie anlegen
    strcpy(tempString, string);

    // ersten Abschnitt in String setzen
    len = searchStart - string;
    string[len] = '\0';

    // zweiten Abschnitt anhaengen
    strcat(string, replace);

    // dritten Abschnitt anhaengen
    len += strlen(search);
    strcat(string, (char*)tempString+len);

    // Speicher freigeben
    free(tempString);

    return string;
}
```

```
vorher:         Die schoenen Sachen im Leben sind umsonst.
nachher:        Die schoenen Dinge im Leben sind umsonst.
```

11 Strukturierte Datentypen

In diesem Kapitel wird veranschaulicht, wie Daten logisch gruppiert und neue effektivere Datentypen entworfen werden können.

11.1 Aufzählungen

In manchen Fällen kommt es vor, dass man Dinge wie Monatsnamen, Wochentage oder Vergleichbares in seinem Programm darstellen möchte. Dies könnte man mittels Variablen erledigen. Folgendes Beispiel soll die 4 möglichen Karten eines Skat-Spiels darstellen, wie wir es auf herkömmliche Art und Weise machen könnten. Wir verweden hier vorzugsweise Konstanten. Jede Karte ist durch eine Variable und dessen eindeutigen Wert identifizierbar.

```
const int kreuz=0, pik=1, karo=2, herz=3;
int karte = herz;
printf("Wert der Karte: %d\n", karte);
```

```
Wert der Karte: 3
```

Um das obige Beispiel zu vereinfachen, verwendet man Aufzählungen, englisch **enumerations**. Hierfür leiten wir die Aufzählung der Elemente mit dem Schlüsselwort **enum** ein. Danach folgt ein Block **{ }**, in dem die Elemente mit Komma getrennt definiert werden. Folgendes Beispiel erzeugt genau die gleichen Variablen wie oben.

```
enum { kreuz, pik, karo, herz };
int karte = karo;
printf("Wert der Karte: %d\n", karte);
```

Standardmäßig beginnt die Werte-Skala bei 0. Die Werte der Elemente werden einfach hochgezählt. Hier verändern wir den Startwert, die Variablen haben somit nicht mehr die Werte 0-3, sondern 7-10.

```
enum { kreuz=7, pik, karo, herz };
printf("Kreuz: %d, Pik: %d, Karo: %d, Herz: %d\n", kreuz, pik, karo, herz);
```

```
Kreuz: 7, Pik: 8, Karo: 9, Herz: 10
```

Die Werte können natürlich auch explizit gesetzt werden.

```
enum { kreuz=11, pik=15, karo=17, herz=19 };
printf("Kreuz: %d, Pik: %d, Karo: %d, Herz: %d\n", kreuz, pik, karo, herz);
```

```
Kreuz: 11, Pik: 15, Karo: 17, Herz: 19
```

11.2 Strukturen

Beim Programmieren verwenden wir ständig Variablen. Versuchen wir einmal diese zu kategorisieren. Wir verwenden Variablen für das Zählen von Schleifendurchläufe, um Berechnungen durchzuführen, um einen Zustand zu vermerken und natürlich um Informationen zwischenzuspeichern.

Gehen wir beim Letzteren nun etwas mehr ins Detail. Wenn wir zum Beispiel die Adresse von einer Person in Variablen speichern, so distanzieren sich diese Daten von der Bedeutung und Verwendung, im Vergleich zu anderen Variablen. Wir wollen diese Daten deshalb gruppieren. Um dies im Quellcode zu verdeutlichen, könnte man einen Prefix für die Variablennamen wählen. Alle Variablen, welche die Adresse darstellen, beginnen mit dem Prefix **adr**.

```
char adrName[50];
char adrStrasse[100];
char adrPlz[10];
char adrStadt[50];
```

Somit gibt es zwar ein Erkennungszeichen, die Daten befinden sich aber zusammenhaltslos auf der gleichen Ebene wie die anderen Variablen. Eine Bündelung solcher Daten erhält man mit **Strukturen**, englisch **structs**. Wir beginnen wie immer mit einem Schlüsselwort und leiten eine Struktur mit **struct** ein. Danach wird der Name der Struktur definiert, zum Beispiel **adresse**. In dem folgendem Block **{ }** werden nun alle Variablen definiert.

```
struct adresse {
    char name[50];
    char strasse[100];
    short hausnummer;
    long plz;
    char stadt[50];
};
```

Um mit den Variablen in der Struktur arbeiten zu können, kann man nun ein Objekt bzw. eine Variable der Struktur erzeugen. Hierfür schreibt man wieder **struct**, danach den Namen der Struktur und anschließend den Namen der Variablen. Der Zugriff auf die Elemente einer Struktur erfolgt über die Variable der Struktur, einem Punkt und anschließend der Variablen innerhalb der Struktur.

```
// Variable der Struktur erstellen
struct adresse adresseKurt;

// Zugriff auf die Elemente
strcpy(adresseKurt.name, "Kurt Kanns");
strcpy(adresseKurt.strasse, "Kannichweg");
adresseKurt.hausnummer = 23;
adresseKurt.plz = 45678;
strcpy(adresseKurt.stadt, "Kannstadt");

printf("Name: %s\n", adresseKurt.name);
```

```
Name: Kurt Kanns
```

11.2.1 Initialisierung & Co

Bei der Deklaration einer Struktur können wir in dem gleichen Schritt auch gleich Objekte bzw. Variablen erzeugen. Hierfür schreiben wie die Objekte zwischen Blockende und Strichpunkt.

```
struct person {
    char name[50];
    int alter;
} kurt, dieter, antonia;

kurt.alter = 33;
dieter.alter = 27;
antonia.alter = 23;
```

11.2.2 Initialisierung

Um die Objekte der Struktur zu initialisieren, wird ein weiterer Block mit den Werten angehängt.

```
struct person {
    char name[50];
    int alter;
}
kurt = { "Kurt Kanns", 33 },
antonia = { "Antonia", 23 };

struct person dieter = { "Dieter Dunkel", 27 };

printf("kurt, Name: %s, Alter: %d\n", kurt.name, kurt.alter);
printf("antonia, Name: %s, Alter: %d\n", antonia.name, antonia.alter);
printf("dieter, Name: %s, Alter: %d\n", dieter.name, dieter.alter);
```

```
kurt, Name: Kurt Kanns, Alter: 33
antonia, Name: Antonia, Alter: 23
dieter, Name: Dieter Dunkel, Alter: 27
```

11.2.3 Typdefinition

Mit **typedef** können wir neue Datentyp-Namen entwerfen, was in Verbindung mit Strukturen Arbeit sparen kann. Folgendes Beispiel erstellt ein Synonym **Integer** für den Datentyp **int**. Danach können wir **Integer** exakt wie das Schlüsselwort **int** behandeln.

```
typedef int Integer;
float preis = 3.99;
Integer zahl;
zahl = (Integer) preis;
printf("Integer-Zahl: %d\n", zahl);
```

```
Integer-Zahl: 3
```

Beim Erstellen von Struktur-Objekten ist immer das Schlüsselwort **struct** notwendig. Mit **typedef** können wir jedoch einen neuen Datentyp für eine Struktur erstellen, sodass das Erstellen von Objekten einfacher wird. Hierbei beginnt die Deklaration der Struktur mit **typedef struct** und der Name wird nicht mehr an den Anfang geschrieben, sondern zwischen Blockende und Strichpunkt. Danach kann man lediglich mit dem Namen der Struktur neue Objekte erzeugen.

```
typedef struct {
    char name[50];
    int alter;
}person;

// Objekte erstellen
person kurt, dieter, antonia;
```

11.2.4 Felder mit Strukturen

Wie mit normalen Variablen auch, können mit Strukturen Felder erzeugt werden. Hier wird ein Feld mit 10 Objekten der Struktur erstellt und jeweils das Alter gesetzt und ausgegeben.

```
typedef struct {
    char name[50];
    int alter;
}sPerson;

sPerson person[10];

int i;
for(i=0; i<10; i++) {
    person[i].alter = 20 + i;
    printf("%d ", person[i].alter);
}
```

```
20 21 22 23 24 25 26 27 28 29
```

11.2.5 Zeiger auf Strukturen

Es können auch Zeiger auf Strukturen erstellt werden. Im folgenden Beispiel gibt die Funktion **ausgabePerson()** die Daten einer Struktur aus. Die Daten bzw. die Struktur werden mit einem Zeiger übergeben. Die Struktur muss hierbei global deklariert werden, damit die Unterfunktion **ausgabePerson()** diese auch kennt. In der Funktion **ausgabePerson()** werden mit den **printf** Befehlen die Daten **name** und **alter** ausgegeben. Betrachten wir den rechten Teil, also den Zugriff auf die Elemente der Struktur über einen Zeiger. Hier sieht man 2 verschiedene Varianten: Die Ausgabe von **name** mit dem bekannten Stern-Operator, aufgrund der höheren Priorität des Punkt-Operators muss dabei der Zeiger allerdings in Klammern gesetzt werden. Bei der zweiten Variante erfolgt die Ausgabe von der Eigenschaft **alter** mit dem Pfeil-Operator.

```
#include<stdio.h>
#include<string.h>

typedef struct {
    char name[50];
    int alter;
}sPerson;

void ausgabePerson(sPerson *person) {
    printf("Name: %s\n", (*person).name);
    printf("Alter: %d\n", person->alter);
}

int main() {
    sPerson kurt;
    strcpy(kurt.name, "Kurt Kanns");
    kurt.alter = 33;
    ausgabePerson(&kurt);
    return 0;
}
```

```
Name: Kurt Kanns
Alter: 33
```

11.3 Vereinigung

Bei der Vereinigung werden Variablen vereint. Diese teilen sich den gleichen Speicherplatz. Verändert man eine Variable, ändert sich somit der gemeinschaftlich genutzte Speicherplatz. Dies wirkt sich dann auch auf den Wert der anderen Variablen in der Vereinigung aus. Eine Vereinigung erstellt man mit dem Schlüsselwort **union**. Der Aufbau ist gleich dem einer Struktur.

In diesem Beispiel wird ein Union mit einer **int** und **float** Variable erstellt. Setzt man die Union auf einen Integer-Wert, erhält man nur beim Zugriff auf **numInt** eine sinnvolle Ausgabe. Greift man auf **numFloat** zu, erscheint keine sinnvolle Ausgabe, da **numFloat** vom Typ **float** und in der Union kein **float** Wert gespeichert ist.

```
union number {
    int numInt;
    float numFloat;
};

union number myNumber;

myNumber.numInt = 5;
printf("numInt: %d\n", myNumber.numInt);
printf("numFloat: %f\n", myNumber.numFloat);

myNumber.numFloat = 1.2345;
printf("numInt: %d\n", myNumber.numInt);
printf("numFloat: %f\n", myNumber.numFloat);
```

```
numInt: 5
numFloat: 0.000000

numInt: 1067320345
numFloat: 1.234500
```

11.4 Bitfelder

Mit einem Bitfeld können wir Variablen erstellen, deren Größe wir selbst bestimmen. Dies hat den Vorteil, dass kein überflüssiger Speicherplatz belegt wird. Deshalb eignet sich dies auch hervorragend zur Programmierung von Hardware. Die Variablen eines Bitfeldes müssen vom Typ **int** sein, also **int**, **short**, **long** und **char**.

Ein Rechenbeispiel: Möchte man zum Beispiel eine Zahl speichern, deren Wert niemals größer als 12 wird, benötigt man dafür 4 Bits (2^4 ist 16, 12 < 16). Würde man diese Zahl in einer **char** Variable speichern, belegt dies schon 1 Byte (1 Byte sind 8 Bit, 2^8 ist 256). Somit sind 4 Bit verschwendet. Bei **short** mit 16 Bit wären 12 Bit ungenutzt.

Ein Bitfeld sieht einer Struktur ähnlich, es wird ebenfalls mit dem Schlüsselwort **struct** eingeleitet. Bei der Deklaration der Variablen wird nach dem Namen ein Doppelpunkt geschrieben, danach folgt die Größe, also die Anzahl der Bits.

11.4.1 Beispiel

In diesem Beispiel soll eine Uhrzeit gespeichert werden. Für die Angabe einer Stunde benötigen wir einen Zahlenraum von 0-23, also 24 Zustände. Dafür reichen 5 Bits aus, da 2^5 = 32 und 24 < 32. Für die Angabe der Minuten benötigen wir 60 Zustände (0-59). Dafür reichen 6 Bits aus, da 2^6 = 64 und 60 < 64.

```
struct time {
    unsigned int hour: 5;
    unsigned int minute: 6;
} myTime;


myTime.hour = 13;
myTime.minute = 37;

printf("Ist es jetzt %02d:%02d Uhr?\n", myTime.hour, myTime.minute );
```

```
Ist es jetzt 13:37 Uhr?
```

11.4.2 Bitfeld im Speicher

Zu unserem obigen Beispiel sehen wir hier das zugehörige Speicherbild. Die Elemente werden aneinanderhängend abgelegt. Die Reihenfolge ist jedoch Compiler-Sache (Compiler Seite 12).

		Adresse	Wert
hour:	*5 Bit*	0010	**101**0 1101
minute:	**6 Bit**	0011	0000 0**101**

Illustration 9: Bitfeld-Werte im Speicher

Wissenswertes zu Bitfeldern

- Von den Elementen eines Bitfeldes können keine Felder und Zeiger erstellt werden. Vom Bitfeld selbst dagegen schon.
- Wie die Bits eines Bitfeldelementes im Speicher abgelegt werden, ist nicht standardisiert. Dies kann von Compiler zu Compiler unterschiedlich sein.
- Der Zugriff auf Bitfeldelemente ist langsamer als der auf herkömmliche Datentypen. Die Elemente haben keine einheitliche Größe und können somit über mehrere Speicheradressen hinweg verteilt liegen, beziehungsweise mehrere Elementteile können sich eine Speicheradresse teilen.

11.5 Übungen

11.5.1 Teil 1 - Bitfeld Datum

Erstelle eine Bitfeld-Struktur, welche ein Datum, eine Uhrzeit und den Wochentag mit minimalem Speicherbedarf speichern kann. Ein Beispieldatum wäre "20.03.2003 13:37 5", also "Datum Uhrzeit Wochentag". Beim Wochentag steht zum Beispiel eine "1" für Montag. Die Maximalwerte der Elemente sind "31.12.4095 23:59 7".

11.5.2 Lösung Teil 1 - Bitfelder

Ein Lösungsvorschlag zur Übung mit Bitfeldern Teil 1.

```
struct time {
    unsigned int day:     5;
    unsigned int month:   4;
    unsigned int year:    12;
    unsigned int hour:    5;
    unsigned int minute:  6;
    unsigned int weekday: 3;
} myTime;

myTime.day = 20;
myTime.month = 2;
myTime.year = 2003;
myTime.hour = 13;
myTime.minute = 37;
myTime.weekday = 5;

printf("Ist jetzt %02d.%02d.%04d %02d:%02d %d?\n",
    myTime.day, myTime.month,
    myTime.year, myTime.hour, myTime.minute,
    myTime.weekday);
```

```
Ist jetzt 20.02.2003 13:37 5?
```

12 Dateiverarbeitung

Ein grundlegendes Thema in der Programmierung ist das Verarbeiten von Dateien. Sollen Informationen bis zum nächsten Programmstart gespeichert werden, so werden diese Daten auf die Festplatte in Dateien geschrieben. Somit bleiben die Informationen auch nach dem Beenden des Programms erhalten. Das Verarbeiten von Dateien kann man in folgende Schritte einteilen:

1. Datei öffnen oder neu erstellen
2. Informationen lesen oder schreiben
3. Datei schließen

Es ist sehr wichtig diese Reihenfolge einzuhalten und alle Schritte auszuführen. Nach dem Öffnen einer Datei bleibt diese für weitere Zugriffe verschlossen. Eine Datei kann in diesem Moment nur von dem Programm verarbeitet werden, welches die Datei geöffnet hat. Vergisst man eine Datei zu schließen, so bleibt diese mindestens bis zum Ende des Programms verschlossen. Bei manchen Betriebssystemen auch bis zum Neustart des Systems.

12.1 Öffnen & Schließen

```
FILE * fopen(const char *filename, const char *mode);
```

Mit **fopen** öffnen wir Dateien für die Verarbeitung. Der Parameter **filename** gibt den Pfad der Datei auf der Festplatte an, die verarbeitet werden soll. Je nach Betriebssystem wird der Pfad anders gestaltet. Unter Windows wird der Dateipfad mit den schrägen Strichen nach hinten (Backslash) geschrieben, z.B. "C:\kurt\datei.txt". Unter Linux-Systemen wird statt dem Backslash der normale Slash verwendet, z.B. "/home/kurt/datei.txt". Wird nur ein Dateiname ohne Pfad angegeben, so wird die Datei im gleichen Verzeichnis (Ordner) gesucht, in dem auch das Programm liegt.

Der Parameter **mode** gibt an, in welchem Modus die Datei geöffnet werden soll. Der Modus entscheidet darüber, welche Operationen auf die Datei ausgeführt werden können: Lesen, Schreiben oder beide.

Tritt ein Fehler auf ist der Rückgabewert **NULL**, andernfalls ist es ein Zeiger vom Typ **FILE**, dieser Datentyp wird zum Verarbeiten von Dateien verwendet.

```
int fclose (FILE *fp);

int fcloseall();
```

Mit **fclose** wird eine Datei wieder geschlossen. Im Parameter wird der **FILE**-Zeiger (**fp** steht für **filepointer**) übergeben. Bei einem Fehler liefert die Funktion **EOF** (Seite 97), andernfalls 0. Mit **fcloseall** werden alle Dateien geschlossen, welche das Programm geöffnet hat. Bei einem Fehler ist der Rückgabewert **EOF** (Seite 97), andernfalls die Anzahl der geschlossenen Dateien.

12.1.1 Beispiel

In diesem Beispiel wird eine Datei im Lesemodus geöffnet. Ist ein Öffnen nicht möglich, wird eine Meldung ausgegeben. Kann sie geöffnet werden, wird sie einfach wieder geschlossen.

```
// Dateizeiger erstellen
FILE *fp;

// Datei oeffnen
fp = fopen("kurt.txt", "r");

if(fp == NULL) {
    printf("Datei konnte NICHT geoeffnet werden.\n");
}else {
    printf("Datei konnte geoeffnet werden.\n");
    // Datei schliessen
    fclose(fp);
}
```

12.1.2 Modus

Beim Öffnen einer Datei stehen uns folgende Angaben zum Modus zur Verfügung:

- **r**, read, lesen
- **w**, write, schreiben
- **a**, append, anhängen
- **b**, binary, Binärmodus
- **t**, text, Textmodus

Diese Angaben können auch kombiniert werden. So wird z.B. mit "rw" eine Datei zum Lesen und Schreiben geöffnet. Der **append** Modus ist auch ein Schreibmodus, nur dass die ursprünglichen Daten der Datei unverändert bleiben und die neuen Daten an das Ende der Datei angehängt werden. Folgendes sollte man beachten:

- Existiert eine Datei und wird diese im Schreibmodus geöffnet, so wird der komplette Inhalt ohne Meldung gelöscht.
- Existiert eine Datei nicht und wird versucht diese im Schreibmodus zu öffnen, so wird automatisch eine neue leere Datei erzeugt.

12.2 Schreiben & Lesen zeichenweise

```
int fputc(int c, FILE *fp);
```

Möchte man zeichenweise in eine Datei schreiben, verwenden wir **fputc (File Put Char)**. In diesem Beispiel wird das Alphabet in Großbuchstaben in die Datei **abc.txt** geschrieben. Im Parameter **c** wird das zu schreibende Zeichen als ASCII-Code (Seite 138) übergeben. Der Parameter **fp** (filepointer) gibt den Datei-Zeiger an. Der Rückgabewert ist das geschriebene Zeichen oder bei einem Fehler **EOF** (Seite 97), was unten erklärt wird.

```
FILE *fp;
int i;

fp = fopen("abc.txt", "w");

if(fp == NULL) {
    printf("Datei konnte nicht geoeffnet werden.\n");
}else {
    for(i=0; i<26; i++) {
        fputc(i+65, fp);
    }
    // Zeilenumbruch hinzufuegen
    fputc(10, fp);
    fclose(fp);
}
```

```
int fgetc(FILE *fp);
```

Mit **File Get Char** können wir eine Datei Zeichen für Zeichen auslesen. Dies soll im nächsten Beispiel anhand der oben erstellten Datei **abc.txt** dargestellt werden. In diesem Zusammenhang lernen wir noch das Ende-Zeichen einer Datei kennen: **EOF** - **End Of File**. Nachdem wir ein Zeichen gelesen haben, rutscht der Datei-Zeiger eine Position weiter. Wenn wir nun den Zeiger mit **EOF** vergleichen, erfahren wir, ob wir am Ende der Datei angelangt sind. In folgendem Beispiel wird solange ausgelesen, bis die Funktion den Wert **End Of File** liefert. Der Rückgabewert ist der ASCII-Code des gelesenen Zeichens bzw. **EOF** bei Fehler oder Dateiende.

```
FILE *fp;
int i, temp;

fp = fopen("abc.txt", "r");

if(fp == NULL) {
```

```
    printf("Datei konnte nicht geoeffnet werden.\n");
}else {
    // komplette Datei zeichenweise ausgeben
    while((temp = fgetc(fp))!=EOF) {
        printf("%c ", temp);
    }
    fclose(fp);
}

printf("\n");
```

```
A B C D E F G H I J K L M N O P Q R S T U V W X Y Z
```

12.3 Schreiben & Lesen formatiert

```
int fprintf(FILE *fp, const char *format [, arguments]);
```

Das Schreiben von Informationen in Dateien ist der Bildschirmausgabe mit **printf** sehr ähnlich, wir verwenden hierfür **fprintf**. Im ersten Parameter wird der **FILE**-Zeiger (fp, filepointer) angegeben, welcher die Datei angibt, in die geschrieben werden soll. Der zweite Parameter enthält die zu schreibenden Daten. Der Rückgabewert ist bei einem Fehler kleiner **0**, andernfalls die geschriebenen Bytes. In diesem Beispiel sollen die Zahlen 0 - 9 in die Datei **zahlen.txt** geschrieben werden. Nach jeder Zahl wird noch ein Zeilenumbruch mit **\n** geschrieben.

```
FILE *fp;
int i;

fp = fopen("zahlen.txt", "w");

if(fp == NULL) {
    printf("Datei konnte nicht geoeffnet werden.\n");
}else {
    // schreibe Zahlen
    for(i=0; i<10; i++) {
        fprintf(fp, "%d\n", i);
    }
    printf("Zahlen wurden geschrieben.\n");
    fclose(fp);
}
```

```
int fscanf(FILE *fp, char *format [, arguments]);
```

Das gleiche Spiel funktioniert mit dem Lesen von Informationen. Der Rückgabewert von **fscanf** ist bei einem Fehler oder Dateiende **EOF**, andernfalls die gelesenen Bytes. Hier lesen wir unsere 10 Zahlen wieder aus, die wir in dem obigen Beispiel geschrieben haben. Wichtig ist, dass der Modus von **w** auf **r** geändert wird. Um einen Wert formatiert zu lesen wird **fscanf** verwendet. Dieser Wert wird in einer temporären Variable gespeichert und am Bildschirm ausgegeben.

```
FILE *fp;
int i, temp;

// oeffnen im Lesemodus
fp = fopen("zahlen.txt", "r");

if(fp == NULL) {
    printf("Datei konnte nicht geoeffnet werden.\n");
}else {
    for(i=0; i<10; i++) {
        fscanf(fp, "%d\n", &temp);
```

```
        printf("gelesen: %d\n", temp);
    }
    fclose(fp);
}
```

```
gelesen: 0
gelesen: 1
gelesen: 2
gelesen: 3
gelesen: 4
gelesen: 5
gelesen: 6
gelesen: 7
gelesen: 8
gelesen: 9
```

12.4 Übungen

12.4.1 Teil 1

Schreibe eine Funktion, welche eine Datei öffnet und deren Text wie folgt ändert. Fängt ein Wort mit einem Kleinbuchstaben an, so soll ein Großbuchstabe daraus gemacht werden. Beispiel: aus "Die schönen Dinge im Leben sind umsonst." wird "Die Schönen Dinge Im Leben Sind Umsonst.". Im Parameter wird lediglich der Dateipfad übergeben.

12.4.2 Teil 2

Schreibe eine Funktion, welche die Wörter des Textes in einer Datei zählt. Der Dateiinhalt bleibt unverändert. Im Parameter wird lediglich der Dateipfad übergeben.

12.4.3 Teil 3

Schreibe eine Funktion, die eine Datei kopiert. Im Parameter wird lediglich der Dateipfad der Quell- und Zieldatei übergeben.

13 Präprozessor

Der Präprozessor gehört zum Compiler (Seite 12) und verändert den Quelltext nach Anweisungen, welche im Quelltext festgelegten wurden. Wie das Stichwort **Prä** verrät, wird der Präprozessor **vor** der eigentlichen Kompilierung ausgeführt. D.h. der Präprozessor verändert vor dem Kompilieren den Quelltext, danach wird der neue Quelltext kompiliert. Die Präprozessor-Anweisungen nennt man auch Präprozessor-Direktiven.

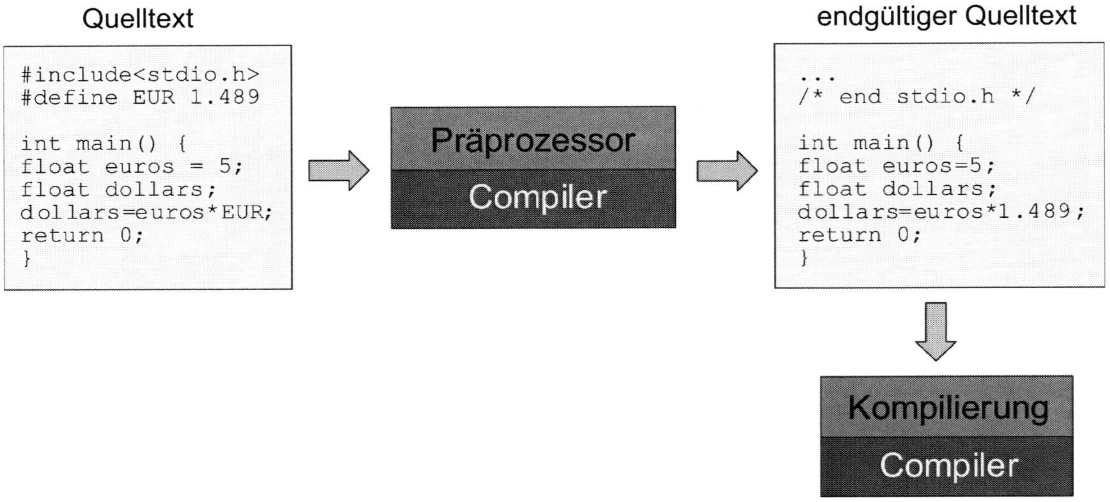

Illustration 10: Veranschaulichung des Präprozessors

13.1 Symbolische Konstanten

Mit einer symbolischen Konstante kann man das Gleiche erreichen, wie mit einer konstanten Variable, allerdings ist die Funktionsweise komplett verschieden. Eine symbolische Konstante ist im Prinzip nur eine Textersetzung. Man definiert für eine symbolische Konstante einen Namen und einen Wert. Beim Kompilieren werden im Hintergrund alle symbolischen Konstanten im Quellcode durch deren Werte ersetzt.

Eine symbolische Konstante wird im Präprozessor durch **#define** definiert. Danach folgen mit Leerzeichen getrennt der Name der symbolischen Konstanten und der Wert, ohne abschließenden Strichpunkt. Um symbolische Konstanten im Quellcode besser erkennen zu können, hat es sich eingebürgert, die Namen in Großbuchstaben zu schreiben.

```
#include<stdio.h>

// Symbolische Konstante
#define MWSTFAKTOR 0.19

int main() {
    float betrag = 350.0;
    float mwst = betrag * MWSTFAKTOR;
    printf("%.f% von %.2f Euro: %.2f Euro\n", MWSTFAKTOR * 100, betrag, mwst);
    return 0;
}
```

Im Hintergrund finden die Ersetzungen statt, hiervon bekommen wir jedoch nichts mit. Das Programm würde danach so aussehen:

```
#include<stdio.h>

int main() {
    float betrag = 350.0;
    float mwst = betrag * 0.19;
    printf("%.f% von %.2f Euro: %.2f Euro\n", 0.19 * 100, betrag, mwst);
    return 0;
}
```

13.1.1 Symbolische Konstanten entfernen

Die über #define erstellten Konstanten können mit #undef wieder entfernt werden.

```
#undef MWSTFAKTOR
```

13.2 Vordefinierte Konstanten

Neben den selbstdefinierten symbolischen Konstanten gibt es auch eine Reihe von vordefinierten Konstanten, welche vom Compiler verwaltet werden. Diese Konstanten beginnen mit zwei Unterstrichen und enden mit zwei Unterstrichen. Sie können ohne Definition verwendet werden und stellen Informationen zum Zeitpunkt der Kompilierung bereit.

- **__DATE__** stellt das Kompilierungs-Datum dar
- **__TIME__** stellt die Kompilierungs-Zeit dar
- **__FILE__** stellt den Namen der Kompilierungs-Datei dar
- **__LINE__** stellt die aktuelle Zeile im Quelltext dar

Hier ein Beispielprogramm:

```
#include<stdio.h>

int main() {
    printf("Details zur Kompilierung\n\n");
    printf("Datum: %s\n", __DATE__);
    printf("Zeit: %s\n", __TIME__);
    printf("Zeile: %d\n", __LINE__);
    printf("Datei: %s\n", __FILE__);
    return 0;
}
```

```
Details zur Kompilierung

Datum: Jan  2 2008
Zeit: 00:52:40
Zeile: 8
Datei: konstanten.c
```

13.3 Makros

Mit sogenannten Makro-Funktionen lassen sich komplexere Ersetzungen realisieren. Man kann diesen Makros, wie bei normalen Funktionen auch, Argumente übergeben. Da es sich hier um Textersetzungen handelt, werden Datentypen nicht beachtet.

13.3.1 Beispiel 1

Dieses Beispiel teilt einen Variablen-Wert mittels einer Makro-Funktion durch zwei.

```
#include<stdio.h>
#define HALBIEREN(wert) ((wert) / 2)

int main() {
    int zahl = 8;
    int haelfte = HALBIEREN(zahl);
    printf("%d\n", haelfte);
    return 0;
}
```

Nach dem Präprozessor sieht der Quelltext wie folgt aus. Zu beachten ist, dass die Klammern auch zur Ersetzung gehören.

```
#include<stdio.h>

int main() {
    int zahl = 8;
    int haelfte = ((zahl) / 2);
    printf("%d\n", haelfte);
    return 0;
}
```

```
Haelfte: 4
```

13.3.2 Beispiel 2

Hier wird eine Makro-Funktion verwendet, um zwei Variablen-Werte zu addieren.

```
#include<stdio.h>
#define ADD(a, b) ((a) + (b))

int main() {
    int rechnung = ADD(1, 3) * ADD(2, 4);
    printf("%d\n", rechnung);
    return 0;
}
```

13.3.3 Klammer-Problematik

Um Rechenfehler zu vermeiden, sollten sowohl alle übergebenen Werte, als auch die gesamte Rechnung in Klammern gesetzt werden, siehe letztes Beispiel. Macht man dies nicht, könnten die im folgenden Beispiel aufgeführten Fehler passieren.

Hier wurde in der Makro-Funktion die gesamte Rechnung nicht in Klammern gesetzt, aufgrund der Punkt-vor-Strich - Regel erhält man ein anderes Ergebnis als gewünscht.

```
#define ADD(a, b) (a) + (b)
int rechnung = ADD(1, 3) * ADD(2, 4);

/* wird zu dieser Zeile aufgeloest: */
int rechnung = (1) + (3) * (2) + (4);
```

Ein unerwünschtes Rechenverhalten kann man auch durch das Weglassen der inneren Klammern erhalten. Zum Beispiel bei einer Makro-Funktion für das Multiplizieren von zwei Werten, indem man als Parameter eine weitere Rechnung übergibt.

```
#define MULT(a, b) (a * b)
int rechnung = MULT(1 + 2, 5 + 1);

/* wird zu dieser Zeile aufgeloest: */
int rechnung = (1 + 2 * 5 + 1);
```

13.3.4 Beispiel 3

In diesem Beispiel wird eine Makro-Funktion verwendet, um die Werte von zwei Variablen zu vertauschen. Der Makro-Funktion werden die zwei Namen der Variablen und der Datentyp im Parameter mitgeteilt. Der Körper der Makro-Funktion besteht aus vier Anweisungen:

1. Deklaration einer temporären Variable
2. Zwischenspeichern des zweiten Wertes in einer temporären Variable
3. Zweite Variable auf den Wert der ersten Variable setzen
4. Erste Variable auf den Wert der temporären Variable setzen

```
#include<stdio.h>
#define TAUSCHE(a, b, typ) { typ temp; temp=b; b=a; a=temp; }

int main() {
    int zahla=4, zahlb=7;
    printf("zahl A: %d\nzahl B: %d\n", zahla, zahlb);
    TAUSCHE(zahla, zahlb, int);
    printf("zahl A: %d\nzahl B: %d\n", zahla, zahlb);
    return 0;
}
```

```
zahl A: 4
zahl B: 7
zahl A: 7
zahl B: 4
```

Der Präprozessor wandelt die Zeile, in der sich der Aufruf der Makro-Funktion **TAUSCHE** befindet, in folgende Zeile um. Das Setzen der Blockklammern ist valide und kann der Ordnung halber gemacht werden.

```
/* wird zu dieser Zeile aufgeloest: */
{ int temp; temp=zahlb; zahlb=zahla; zahla=temp; };
```

13.3.5 Beispiel 4

Hier wird das Maximum zweier Zahlen besimmt.

```
#include<stdio.h>
#define MAX(a, b) ((a) < (b) ? (b) : (a))

int main() {
    int zahla=4, zahlb=7;
    printf("Maximum: %d\n", MAX(zahla, zahlb));
    return 0;
}
```

13.4 Bibliotheken einbinden

Eine Bibliothek haben wir bereits in allen bisherigen Beispielen verwendet. Durch die Programmzeile **#include<stdio.h>** wurde immer die Standard-Input-Output-Bibliothek eingebunden. Eine Bibliothek ist eine Zusammenstellung von Befehlen, mit denen man sein Programm gestalten kann. Im Fall der **stdio.h** stehen uns unter anderem die Ein- und Ausgabebefehle für den Bildschirm und Dateien zur Verfügung. Den Präprozessor-Befehl zum Einbinden einer Bibliothek leiten wir mit **#include** ein, danach wird der Name der Bibliothek in eingeschlossenen Krokodil-Klammern **< >** geschrieben. Die eckigen Krokodil-Klammern besagen, dass die Bibliothek-Datei in einem Standard-Verzeichnis vom Compiler gesucht wird. Verwendet man also Standard-Bibliotheken, funktioniert das Einbinden über die eckigen Klammern auch.

Wichtige Bibliotheken

- **stdio.h**, Befehle für die Stadard-Ein- und Ausgabe, z.B. **printf**
- **string.h**, Funktionen zur Verarbeitung von Zeichenketten, z.B. **strcpy**
- **stdlib.h**, Funktionen zur Typumwandlung, z.B. **atoi**
- **math.h**, Mathemathische Rechenfunktionen, z.B. **sin, cos, tan**
- **time.h**, Zeit- und Datumsfunktionen, z.B. **time**
- **assert.h**, Fehlerbehandlung
- **stdarg.h**, Funktionen mit einer variablen Zahl von Argumenten

13.5 Bedingte Kompilierung

Bei der bedingten Kompilierung hat man die Möglichkeit, je nach Gegebenheiten bestimmte Quelltextblöcke von der Kompilierung auszuschließen oder einzubinden. Beim Debuggen des Programms kann dies von Vorteil sein. Möchte man bei seinem Programm einen Fehler suchen, eignet sich dafür ein Debug-Modus. Wenn der Debug-Modus an ist, werden zusätzliche oder andere Informationen am Bildschirm ausgegeben, welche Aufschluss über die Fehlerquelle geben könnten.

Debuggen

Wer programmiert, macht Fehler. Das gehört zum Programmiereralltag dazu. Programmierer verbringen deshalb auch viel Zeit damit Fehler in einem Programm zu suchen. Das Gespür für das Auffinden der Fehler entwickelt sich im Laufe der Zeit. Um das Finden der Fehler zu erleichtern, wird das Programm temporär verändert, sodass es zur Laufzeit mehr Informationen ausgibt als es normalerweise ausgeben würde. Das Suchen und die Veränderungen am Programm nennt man Debugging oder eingedeutscht "das Debuggen" (debug = Fehler beseitigen/suchen)

13.5.1 Bedingte Kompilierung bei Konstanten-Definition

Mit **#ifdef** und **#endif** kann man einen Quelltextbereich eingrenzen, der nur kompiliert wird, wenn eine bestimmte symbolische Konstante definiert wurde. Möchte man prüfen, ob eine Konstante nicht definiert ist, verwendet man **#ifndef**. Ein **#else** kann man in einen solchen Block optional auch einfügen, dieser wird dann kompiliert wenn die Bedingung in **#ifdef**, **#ifndef** oder **#if** (siehe unten) nicht wahr ist. In diesem Beispiel werden unterschiedliche Informationen ausgegeben, je nachdem, ob der Debug-Modus an ist oder nicht.

```
#include<stdio.h>
#define DEBUG

int main() {
    int a=2, b=3, ergebnis;
    ergebnis = (2*a) + (2*b);
    #ifdef DEBUG
    printf("* Debug: ergebnis = (2*%d) + (2*%d);\n", a, b);
    #else
    printf("Das Ergebnis ist %d\n", ergebnis);
    #endif
    return 0;
}
```

Ausgabe, wenn eine symbolische Konstante namens **DEBUG** definiert wurde.

```
* Debug: ergebnis = (2*2) + (2*3);
```

Ausgabe, wenn eine symbolische Konstante namens **DEBUG** nicht definiert wurde.

```
Das Ergebnis ist 10
```

13.5.2 Bedingte Kompilierung bei bestimmten Konstanten-Wert

Das obige Beispiel kann man mit **#if** und **#endif** noch verfeinern. Mit **#if** kann man die symbolische Konstante noch auf einen bestimmten Wert prüfen. Setzt man die symbolische Konstante **DEBUG** zum Beispiel auf **0**, werden keine Debug-Informationen ausgegeben. Die Werte **1** und **2** stellen dann sogenannte Debug-Level dar, bei denen dann mehr oder weniger detailiertere Informationen ausgegeben werden.

```
#include<stdio.h>
#define DEBUG 1

int main() {
    int a=2, b=3, ergebnis;
    ergebnis = (2*a) + (2*b);

    #if DEBUG >= 1
    printf("* Debug: ergebnis = (2*%d) + (2*%d);\n", a, b);
    #endif

    #if DEBUG >= 2
    printf("* Debug: a=%d, b=%d, ergebnis=%d\n", a, b, ergebnis);
    #endif

    printf("Das Ergebnis ist %d\n", ergebnis);
    return 0;
}
```

Ausgabe, wenn die symbolische Konstante namens **DEBUG** auf **1** gesetzt wird.

```
* Debug: ergebnis = (2*2) + (2*3);
Das Ergebnis ist 10
```

Ausgabe, wenn die symbolische Konstante namens **DEBUG** auf **2** gesetzt wird.

```
* Debug: ergebnis = (2*2) + (2*3);
* Debug: a=2, b=3, ergebnis=10
Das Ergebnis ist 10
```

13.5.3 Allgemeines Konstrukt

Das allgemeine Konstrukt der bedingten Kompilierung ist hier nochmals zusammengefasst. Neu ist die **elseif** Anweisung **#elif**. Diese stellt eine alternative **if** Anweisung dar, wenn vorangegangene **if** Anweisungen (**#if**, **#elif**, **#ifdef**, **#ifndef**) nicht wahr sind.

```
#if A==1
/* code wenn A gleich 1 ist */
#elif B==1
/* code wenn A nicht 1 ist und B gleich 1 ist   */
#else
/* code wenn A und B nicht 1 sind */
#endif
```

13.6 Dateien einbinden

Bei größeren Programmen ist es aus Gründen der Übersichtlichkeit sinnvoll, den Quelltext in mehrere Dateien aufzuteilen. Meistens werden die Unter-Funktionen in separate Dateien - sogenannte Header-Dateien - ausgegliedert. In dem Hauptprogramm, also die Quelltext-Datei mit der **main**-Funktion, werden die Quelltext-Dateien mit der Präprozessor-Anweisung **#include** eingebunden. Hier wird der Dateiname der Quelltext-Datei in Hochkommas " gesetzt.

In diesem Beispiel wurden die Funktionen **mult** zum Multiplizieren und **add** zum Addieren in einer Header-Datei namens **funktionen.h** ausgegliedert. Die Hauptprogramm-Datei **beispiel.c** bindet die Datei **funktionen.c** über die **#include**-Anweisung ein.

```
/* Datei beispiel.c */

#include<stdio.h>
#include "funktionen.h"

int main() {
    printf("Produkt: %d\n", mult(4, 5));
    printf("Summe: %d\n", add(4, 5));
    return 0;
}

/* Datei funktionen.h */

int mult(int a, int b) {
    return a * b;
}

int add(int a, int b) {
    return a + b;
}
```

```
Produkt: 20
Summe: 9
```

13.6.1 Mehrfacheinbindung vermeiden

Bei größeren Projekten könnte es unter Umständen vorkommen, dass man versucht, Header-Dateien mehrmals einzubinden. Diese Fehlerquelle kann man mit der bedingten Kompilierung vorzubeugen. Hierbei wird der Quelltext der Header-Datei nur ausgewertet, wenn eine symbolische Konstante in der Header-Datei nocht nicht definiert wurde. Bei der Abarbeitung der Header-Datei wird diese symbolische Konstante definiert. Beim zweiten Versuch, die Header-Datei auszuwerten, ist die Bedingung zur Auswertung nicht mehr wahr. Der Name der symbolischen Konstanten richtet sich nach dem Namen der Header-Datei, wobei der Punkt durch einen Unterstrich ersetzt wird.

```
/* Datei funktionen.h */

#ifndef FUNKTIONEN_H
#define FUNKTIONEN_H

int mult(int a, int b) {
    return a * b;
}

int add(int a, int b) {
    return a + b;
}
#endif
```

14 Zeitfunktionen

In diesem Kapitel werden wir uns mit den Zeitfunkionen in C beschäftigen, um die aktuelle Zeit zu erfahren und um sonstige Zeit-Differenzen berechnen zu können, wie z.B. die Rechenzeit unseres Programms, also die Dauer der Ausführung. Für die Zeitfunkionen benötigen wir die Einbindung der Bibliothek **time.h**. Die Zeitzählung in C beginnt ab dem **01.01.1970 00:00:00 Uhr**. Möchte man die aktuelle Zeit, so erhält man die verstrichenen Sekunden ab dem Zeitpunkt 01.01.1970 00:00:00 Uhr und kann daraus die Zeitdaten wie Tag, Stunde und Minute auslesen.

Mit dem folgendem Beispielprogramm kann man die verstrichenen Sekunden seit diesem Zeitpunkt auslesen. Diese Zahl nennt man auch Zeitstempel oder englisch **timestamp**. Mit **time_t now;** wird eine Variable zum Abspeichern der Zeit erstellt. **time_t** stellt einen **long int** Datentyp dar, um die Sekunden zu speichern. Der Aufruf von **time(&now);** speichert nun die Sekunden in der im Parameter übergebenen Adresse.

```
time_t time(time_t *timer);
```

```
#include<stdio.h>
#include<time.h>

int main() {
    time_t now;
    time(&now);
    printf("Sekunden seit 01.01.1970 00:00:00 Uhr: %d\n", now);
    return 0;
}
```

```
Sekunden seit 01.01.1970 00:00:00 Uhr: 1200236681
```

Zur besseren Lesbarkeit gibt es eine Konvertierungsfunktion **ctime**, welche aus dem Zeitstempel das Datum lesbar als String (Seite 78) umwandelt. Weiters wird in diesem Beispiel die zweite Möglichkeit gezeigt, wie man mit der **time**-Funktion die Sekunden ausliest.

```
char *ctime (const time_t *time);
```

```
#include<stdio.h>
#include<time.h>

int main() {
    time_t now;
    now = time(0);
    printf("%s\n", ctime(&now));
    return 0;
}
```

```
Sun Jan 13 16:55:16 2008
```

14.1 Kalenderstruktur

Um die Zeitdaten wie Tag, Monat, Jahr, Stunde und Minute leichter herauslesen zu können, gibt es in der **time.h** eine Struktur namens **tm**. Diese ist wie folgt definiert:

```
struct tm {
    int tm_sec;     // Sekunden
    int tm_min;     // Minuten
    int tm_hour;    // Stunden (0..23)
    int tm_mday;    // Monatstage (1..31)
    int tm_mon;     // Monate (0..11)
    int tm_year;    // Jahr (Kalenderjahr - 1900)
    int tm_wday;    // Wochentag (0..6, 0=Sonntag)
    int tm_yday;    // Tag im Jahr (0..365)
    int tm_isdst;   // Sommerzeit, 0=deaktiviert
};
```

Wir wollen diese fertige Struktur nun verwenden. Die Funktion **localtime** füllt diese anhand eines Zeitstempels. Danach werden die Elemente der Struktur ausgegeben. Im folgenden Beispiel Stunde, Minute und Sekunden. Auf die restlichen Elemente wird analog zugegriffen.

```
struct tm* localtime (const time_t *time);
```

```
#include<stdio.h>
#include<time.h>

int main() {
    time_t now;
    time(&now);
    struct tm *myTm;
    myTm = localtime(&now);
    printf("%02d:%02d:%02d Uhr\n", myTm->tm_hour, myTm->tm_min, myTm->tm_sec);
    return 0;
}
```

```
17:07:27 Uhr
```

Um die Zeitdaten einer **tm**-Struktur lesbar auszugeben, gibt es die Funktion **asctime**, welche aus den Daten einen lesbaren String erstellt.

```
char* asctime(const struct tm *time);
```

```
#include<stdio.h>
#include<time.h>

int main() {
    time_t now;
    time(&now);
    struct tm *myTm;
    myTm = localtime(&now);
    printf("%s\n", asctime(myTm));
    return 0;
}
```

```
Sun Jan 13 17:13:40 2008
```

14.2 CPU-Ticks

Neben den verstrichenen Sekunden gibt es auch die CPU-Ticks für die Zeitmessung. Für die Speicherung der Ticks gibt es den Datentyp **clock_t**. Die Funktion **clock** gibt die Ticks seit Programmstart zurück. Im folgenden Beispiel wird eine lange Schleife verwendet, um die Dauer der Ausführung messen zu können.

```
clock_t clock ();
```

```
#include<stdio.h>
#include<time.h>

int main() {
    clock_t finish;
    int i;

    for(i=0; i<9999999; i++) {
        int a = i * 2 - i % 2323;
    }

    finish = clock();
    printf ("Dauer: %d Ticks\n", finish);
    return 0;
}
```

```
Dauer: 160000 Ticks
```

14.3 Übung

14.3.1 Datum und Zeit berechnen

Schreibe ein Programm, um von Hand mittels eines Zeitstempels Datum und Uhrzeit zu berechnen. Die Grundlage ist also ein Aufruf oder Rückgabe-Wert von **time()**. Weitere Hilfsfunktionen sollen nicht verwendet werden.

15 Funktionen Teil 2

15.1 Hauptfunktion

Hier wollen wir uns nun die Hauptfunktion **main** näher anschauen. Die **main**-Funktion ist der Start unseres Programms. Beim Ausführen des Programms haben wir die Möglichkeit, Argumente als Parameter an unser Programm zu übergeben, ähnlich wie bei Funktionen. Hierfür benötigt man ein erweitertes Grundgerüst wie dieses:

```
#include<stdio.h>

int main(int argc, char* argv[]) {
    return 0;
}
```

Wie man sieht, ist die einzige neue Veränderung die Parameterliste der **main**-Funktion. Im Parameter **argc** wird die Anzahl der Parameter gespeichert; der Name steht für **Argument Count**. Im Parameter **argv** werden die einzelnen übergebenen Werte in einem **char**-Array gespeichert; der Name steht für **Argument Values**.

Nachdem man ein Programm kompiliert hat, kann man es über die Shell oder Eingabeaufforderung mit Parametern starten. Wir wollen dies nun anhand des folgenden Programms testen, das lediglich die Werte der Parameter **argc** und **argv** ausgibt.

```
#include<stdio.h>

int main(int argc, char* argv[]) {
    int i;
    printf("argc: %d\n", argc);
    for(i=0; i < argc; i++) {
        printf("argv[%d]: %s\n", i, argv[i]);
    }
    return 0;
}
```

In diesem Beispiel ist der Name der kompilierten Datei **foo**. Ein Aufruf dieser Datei mit Parametern unter Linux und die resultierende Ausgabe können wie folgt aussehen.

```
# ./foo kurt hannes
argc: 3
argv[0]: ./foo
argv[1]: kurt
argv[2]: hannes
```

In der ersten Zeile ist also der Aufruf des Programmes zu sehen, der die Parameter **kurt** und **hannes** enthält. Direkt darunter steht die resultierende Bildschirmausgabe. Die Variable **argc** hat den Wert **3**, also besitzt das Feld mit den Parameter-Werten auch **3** Einträge, welche darunter ausgegeben werden. Der erste Wert des Parameter-Arrays **argv** ist immer der Programmname selbst, in diesem Fall **foo**. Dahinter folgen die wirklichen Parameter bezüglich des Programmaufrufs.

15.2 Zeiger auf Funktionen

Zeiger können nicht nur auf Variablen gesetzt werden, sondern auch auf Funktionen, somit kann das Programm-Verhalten zur Laufzeit noch dynamischer gestaltet werden. Im folgenden Beispiel wird ein Funktionszeiger namens **rechne** erstellt, welcher im Parameter eine **int** Zahl empfängt und als Rückgabe eine **long int** Zahl liefert. Dieser Zeiger wird zuerst auf eine Funktion namens **hoch2** gesetzt, welche das Quadrat einer Zahl ausrechnet. Danach wird der Zeiger auf eine Funktion namens **hoch3** gesetzt.

```
#include<stdio.h>

long hoch2(int n) {
    return n * n;
}

long hoch3(int n) {
    return n * n * n;
}

int main() {
    long (*rechne) (int);

    int zahl = 3;

    rechne = hoch2;
    printf("%d hoch 2: %d\n", zahl, rechne(zahl));

    rechne = hoch3;
    printf("%d hoch 3: %d\n", zahl, rechne(zahl));

    return 0;
}
```

```
3 hoch 2: 9
3 hoch 3: 27
```

15.3 Rekursion

Die Rekursion ist ein spezieller Aufruf von Funktionen, nämlich wenn Funktionen sich selbst aufrufen. Da bei einem Aufruf sich die Funktion wieder selbst aufruft, benötigt die Funktion wie bei den Schleifen eine Abbruchbedingung, damit die Selbstaufrufe nicht endlos sind.

In dem folgenden Beispiel, welches lediglich eine Bildschirmausgabe via Rekursion zeigt, wird der Abbruch anhand einer Zählvariable entschieden - wie bei den Schleifen. Ist x größer 0 erfolgt eine Ausgabe und ein rekursiver Aufruf mit einem dekrementierten Zählwert. Ist der Zählwert bei 0 angelangt, erfolgt kein rekursiver Aufruf mehr.

```
#include<stdio.h>

printLines(int x) {
    if(x > 0) {
        printf("\nZeile Nr. %d", x);
        printLines(x-1);
    }
}

int main() {
    printLines(5);
    return 0;
}
```

```
Zeile Nr. 5
Zeile Nr. 4
Zeile Nr. 3
Zeile Nr. 2
Zeile Nr. 1
```

Nun ein sinnvolleres und gern verwendetes Beispiel, die Berechnung der Fakultät. Bei der Berechnung der Fakultät wird solange ein Produkt mit der dekrementierten Zahl gebildet, bis die Zahl bei der 1 angelangt ist. Zum Beispiel ist die Fakultät Vier: 4! = 4 * 3 * 2 * 1 = 24.

```
#include<stdio.h>

int fakultaet(int x) {
    if(x > 1) {
        return x * fakultaet(x-1);
    }else {
        return x;
    }
}

int main() {
    int a = 6;
    printf("Fakultaet von %d ist %d\n", a, fakultaet(a));
    return 0;
}
```

```
Fakultaet von 6 ist 720
```

16 Makefiles

Das Kompilieren von Quelltext-Dateien kann mit dem Programm **make** gesteuert werden. Dies ist vor allem dann sinnvoll, wenn es sich um ein großes Projekt handelt bei dem die Kompilierung aus vielen einzelnen Schritten und Abhängigkeiten besteht. Die einzelnen Schritte können zum Beispiel separate Kompilierungen oder andere Dateioperationen wie Kopieren und Löschen sein. Abhängigkeiten können zum Beispiel bedingte Kompilierungen sein. Diese Schritte und Abhängigkeiten werden in ein Makefile zusammengefasst, welches dann vom Programm **make** verarbeitet wird.

16.1 Compiler und Linker

Hier sehen wir eine Veranschaulichung der Verwendung von Makefiles - mehrere Dateien tragen zur kompilierten Programm bei. Quelltext-Dateien werden vom Compiler in Objektdateien bzw. Programmmodule übersetzt. Der Linker verbindet die Programm-Module zu einem Programm.

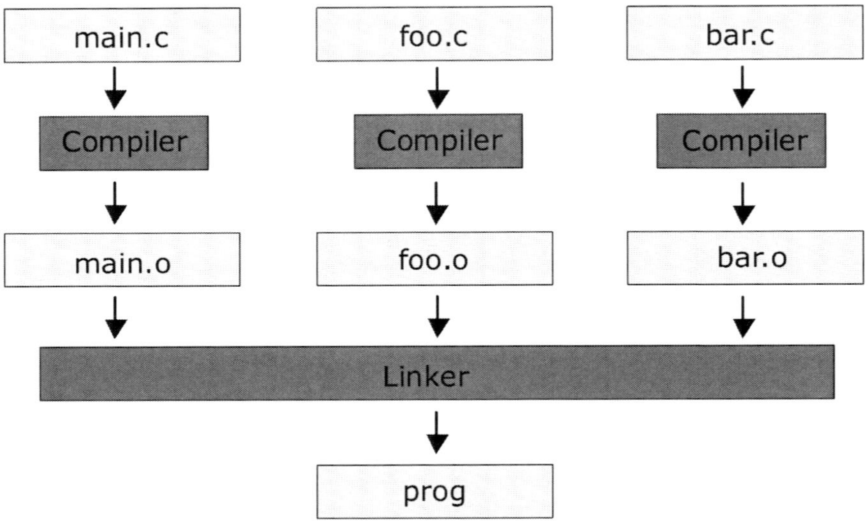

Illustration 11: Zusammenspiel von Compiler und Linker

16.2 Makefile erstellen

Zum nachvollziehen des obigen Beispiels erstellt man die drei Dateien **main.c**, **foo.c** und **bar.c** mit beliebigen C-Code, Funktionsnamen sollten sich aber nicht in die Quere kommen. Dazu schreiben wir jetzt als vierte Datei noch das Makefile, diese trägt immer den Namen **makefile**. Im Makefile werden sogenannte Ziele definiert, auch **target** genannt, welche mit einem Doppelpunkt dargestellt werden. Das erste Ziel ist immer das Hauptziel, wir finden es hier in der ersten Zeile: prog besteht aus den Objektdateien **main.o**, **foo.o** und **bar.o**. Darunter findet mit **gcc** die Kompilierung dieser Dateien statt; die Ausgabe erfolgt in die Datei **prog**. Darunter sind noch die benötigten Ziele für die Objektdateien, zum Beispiel wird **main.o** aus **main.c** erstellt. Der Compiler wird hierbei mit dem Parameter **-c** gestartet, d.h. es wird nur kompiliert und nicht gelinkt. Das Linken geschieht im Hauptziel. Wichtig ist hier, dass die Compiler-Aufrufe mit einem Tabulator eingerückt werden müssen.

```
prog: main.o foo.o bar.o
    gcc -o prog main.o foo.o bar.o

main.o: main.c
    gcc -c main.c

foo.o: foo.c
    gcc -c foo.c

bar.o: bar.c
    gcc -c bar.c
```

Das Makefile speichern wir mit dem Namen **makefile** im gleichen Verzeichnis wie die Quelltext-Dateien. Ein Aufruf des Programms **make** genügt. Hier sehen wir die Bildschirmausgabe zu den folgenden Aktionen:

1. Verzeichnis-Inhalt vor **make**
2. Aufruf von **make**
3. Verzeichnis-Inhalt nach **make** mit Objektdateien und Programm-Datei
4. Aufruf der Programm-Datei **prog** (Ausgabe analog der Beispieldateien)

```
# ls -al
total 24
drwxr-xr-x 2 4096 2008-01-14 01:41 .
drwxr-xr-x 3 4096 2008-01-14 00:35 ..
-rw-r--r-- 1   51 2008-01-14 01:19 bar.c
-rw-r--r-- 1   51 2008-01-14 01:19 foo.c
-rw-r--r-- 1   79 2008-01-14 01:18 main.c
-rw-r--r-- 1  144 2008-01-14 01:17 makefile
# make
gcc -c main.c
gcc -c foo.c
gcc -c bar.c
gcc -o prog main.o foo.o bar.o
# ls -al
total 44
drwxr-xr-x 2 4096 2008-01-14 01:41 .
drwxr-xr-x 3 4096 2008-01-14 00:35 ..
-rw-r--r-- 1   51 2008-01-14 01:19 bar.c
-rw-r--r-- 1  832 2008-01-14 01:41 bar.o
-rw-r--r-- 1   51 2008-01-14 01:19 foo.c
-rw-r--r-- 1  832 2008-01-14 01:41 foo.o
-rw-r--r-- 1   79 2008-01-14 01:18 main.c
-rw-r--r-- 1  928 2008-01-14 01:41 main.o
-rw-r--r-- 1  144 2008-01-14 01:17 makefile
-rwxr-xr-x 1 6884 2008-01-14 01:41 prog
# ./prog
main
foo
bar
```

16.3 Beispiel

Hier ein Beispiel für die C-Dateien, welche zur Erklärung von Makefiles verwendet werden.

```
/* Datei main.c */

#include<stdio.h>

int main() {
    printf("main\n");
    foo();
    bar();
    return 0;
}

/* Datei foo.c */

#include<stdio.h>

void foo() {
    printf("foo\n");
}

/* Datei bar.c */

#include<stdio.h>

void bar() {
    printf("bar\n");
}
```

16.4 Erweiterungen

16.4.1 Variablen setzen

Um mehr Dynamik zu erhalten, können wir Variablen einsetzen. Erstellt wird eine Variable mit einer einfachen Zuweisung **=**, der Zugriff erfolgt über ein Dollarzeichen und den eingeklammerten Variablennamen, zum Beispiel **$ (OBJ)**. Hier wurden die Objektdateien und der Compilername in Variablen verpackt.

```
CC = gcc
OBJ = main.o foo.o bar.o

prog: $(OBJ)
    $(CC) -o prog $(OBJ)

main.o: main.c
    $(CC) -c main.c

foo.o: foo.c
    $(CC) -c foo.c

bar.o: bar.c
    $(CC) -c bar.c
```

16.4.2 Wildcards

Mit Wildcards können wir Befehle auf eine Gruppe von Dateien anwenden. Hier sollen nun alle **.c**-Dateien zu **.o**-Dateien kompiliert werden. Diese werden mit dem **%**-Operator gesucht. Der gefundene Dateiname kann mit **$<** verwendet werden.

```
CC = gcc
OBJ = main.o foo.o bar.o

prog: $(OBJ)
    $(CC) -o prog $(OBJ)

%.o: %.c
    $(CC) -c $<
```

16.4.3 Makros

Um den Code noch kryptischer, aber dafür kürzer zu machen, können wir noch Makros verwenden. Dies ist nur eine kleine Auswahl, es gibt noch viel mehr.

- **$@**, voller Name des Ziels
- **$***, Name des Ziels ohne Endung

```
CC = gcc
OBJ = main.o foo.o bar.o

prog: $(OBJ)
    $(CC) -o $@ $(OBJ)

%.o: %.c
    $(CC) -c $<
```

17 Übungen

In diesem Kapitel werden abschließende Übungen bereitgestellt. Diese enthalten verschiedene Themen und sollen das Programmier-Verständnis abrunden. Hier geht es zu den einzelnen Übungsseiten:

- Teil 1: Bildschirmausgaben, Zufallszahlen, Strings
- Teil 2: Mathematische Funktionen, Zahlensysteme, String-Verarbeitung
- Arrays: Zugriff, Sortieren, Matrix-Addition
- Spiel Snake

17.1 Teil 1

17.1.1 Bildschirmausgabe mit Dreieck, Raute

Erstelle ein Programm, das eine Raute auf dem Bildschirm ausgibt. Die Raute wird mittels *-Zeichen dargestellt. Die Breite der Raute ist dynamisch und kann mit einer Zahl, die eingegeben wird, bestimmt werden. Für den Anfang kann auch nur ein Dreieck ausgegeben werden. Beispiel-Ausgabe:

```
Eingabe Rauten-Breite: 5

  *
 ***
*****
 ***
  *
```

17.1.2 Zufallszahlen

In der Bibliothek **stdlib.h** gibt es die Funktion **rand()**, welche eine Pseudo-Zufallszahl zurückgibt. Die Zahl liegt zwischen 0 und einer maximalen Zahl, welche mit der symbolischen Konstante **RAND_MAX** abgefragt werden kann. Möchte man den Bereich der Zufallszahl eingrenzen, kann der Modulo-Operator verwendet werden. Bevor die Zufallszahlen erstellt werden, sollte die Funktion **srand()** aufgerufen werden. Diese initialisiert den Zufallszahlen-Generator, um die Zufälligkeit der Zahlen zu gewährleisten. Im Parameter wird ein Zeitstempel (Seite 108) übergeben, deshalb muss auch die **time.h** eingebunden werden. Folgende Zeilen erstellen zwei Zufallszahlen zwischen 0 und 10.

```
srand(time(NULL));
int zahl1 = rand() % 10;
int zahl2 = rand() % 10;
```

Schreibe ein Programm, welches 10 Zufallszahlen auf dem Bildschirm ausgibt. Der Benutzer kann den Bereich, in dem die Zahlen liegen sollen, selbst bestimmen. Hier eine mögliche Bildschirmausgabe, in der die Eingabe der Min- und Max-Werte erfolgt.

```
Min: 50
Max: 65

Zufallszahlen: 59 51 60 56 65 52 50 64 60 55
```

17.1.3 Count Token Occurence

In einem eindimensionalen **char**-Array sollen die Vorkommen eines Zeichens gezählt werden. Als Parameter der Funktion wird ein Zeiger auf den String und auf das zu suchende Zeichen übergeben. Der Rückgabewert ist die Anzahl der Treffer.

```
int countToken(char *string, char token);
```

17.1.4 String Reverse

Schreibe eine Funktion, welche die Reihenfolge der Zeichen in einem String umkehrt. Aus "abcd" wird somit "dcba".

```
void stringReverse(char *string);
```

17.2 Lösungen Teil 1

17.2.1 Lösung CountToken

```
#include<stdio.h>
#include<string.h>

int countToken(char *string, char token) {
    int i, c=0, len = strlen(string);
    for(i=0; i<len; i++) {
        if(string[i]==token) {
        c++;
        }
    }
    return c;
}


int main() {
    // Test
    char string[20] = { "111;222;333;444" };
    printf("%d\n", countToken(string, ';'));
    return 0;
}
```

17.3 Teil 2

17.3.1 Mathematische Funktionen

Mit dem Einbinden der Bibliothek **math.h** werden viele symbolische Konstanten und mathematische Funktionen bereitgestellt. Die symbolische Konstante **M_PI** wird zu Pi, also 3.14..., aufgelöst. Die Winkelfunktionen Sinus, Cosinus und Tangens sind nach dem Einbinden der **math.h** mit **sin(x)**, **cos(x)** und **tan(x)** aufrufbar - wobei x der Parameter als Kommazahl ist. Entwickle ein Programm, das die Sinus-, Cosinus- und Tangens-Werte von **0.0** bis **2 PI** auf dem Bildschirm ausgibt. Die Ausgabe der ersten und letzten Zeilen sollte wie folgt aussehen. Es werden 3 Nachkommastellen angezeigt.

```
sin(0.0) = 0.000 | cos(0.0) = 1.000 | tan(0.0) = 0.000
sin(0.1) = 0.100 | cos(0.1) = 0.995 | tan(0.1) = 0.100
sin(0.2) = 0.199 | cos(0.2) = 0.980 | tan(0.2) = 0.203
...
sin(6.0) = -0.279 | cos(6.0) = 0.960 | tan(6.0) = -0.291
sin(6.1) = -0.182 | cos(6.1) = 0.983 | tan(6.1) = -0.185
sin(6.2) = -0.083 | cos(6.2) = 0.997 | tan(6.2) = -0.083
```

Beim Kompilieren unter Linux sollte beim Aufruf von **gcc** der Parameter **lm** verwendet werden, damit die **math.h** aus dem **include**-Verzeichnis auch wirklich eingebunden wird. Ein Compiler-Aufruf könnte so aussehen:

```
# gcc -o prog prog.c -lm
```

17.3.2 Taschenrechner

Entwickle einen Taschenrechner mit den Rechenfunktionen Addition, Subtraktion, Multiplikation und Division. Der Taschenrechner kann um eine Potenz- und Wurzelfunktion erweitert werden. Mit **pow(a, b)** wird a^b, also a hoch b ausgerechnet. Die Wurzel wird mit **sqrt(x)** berechnet. Die Funktionen sind in der **math.h** hinterlegt. In der Beispiel-Ausgabe sieht man die Eingabe von einer Zahl, einer Rechnenfunktion und einer eventuellen zweiten Zahl. Das Kürzel für Potenzrechnen ist ^, für Würzelziehen **2**.

```
Zahl 1:      4
Funktion:    *
Zahl 2:      5
Ergebnis:    = 20

Zahl 1:      3
Funktion:    ^
Zahl 2:      3
Ergebnis:    = 27

Zahl 1:      36
Funktion:    2

Ergebnis:    = 6
```

17.3.3 Umrechnung in Zahlensysteme

Schreibe ein Programm, das eine Zahl im Zehnersystem in ein anderes Zahlensystem umrechnet. Als Eingabe erfolgt eine Zahl und die Basis des Ziel-Zahlensystems. Die Basis soll größer gleich 2 und kleiner gleich 32 sein. Hier eine Beispiel-Ausgabe:

```
Gib eine Zahl ein: 25
Gib die Ziel-Basis ein: 2
( 25 ) Basis 10  =  ( 1 1 0 0 1 ) Basis 2

Gib eine Zahl ein: 255
Gib die Ziel-Basis ein: 16
( 255 ) Basis 10  =  ( 15 15 ) Basis 16

Gib eine Zahl ein: 300
Gib die Ziel-Basis ein: 8
( 300 ) Basis 10  =  ( 4 5 4 ) Basis 8
```

17.3.4 String-Verarbeitung

In dieser Übung soll eine Funktion geschrieben werden, welche eine HTML-Code-Zeile lesen kann. Eine Typische HTML-Zeile sieht wie folgt aus.

```
<img src="kurt.jpg" width="250" alt="Kurt Kanns" />
```

Die Funktion erhält solch eine HTML-Zeile und liest alle Attribute und Ihre Werte aus. Ein Attribut hat die Form **Attribut-Name="Attribut-Wert"**. Beim Aufruf der Funktion mit der obigen HTML-Zeile als Parameter werden also diese Daten erfasst und ausgegeben:

```
Attribut      Wert

src           kurt.jpg
width         250
alt           Kurt Kanns
```

Der Funktions-Prototyp sieht wie folgt aus. Die Funktion **getHtmlAttributes** soll pro Aufruf ein Attribut und seinen Wert auslesen. Im Parameter **string** wird eine HTML-Codezeile übergeben. Der Parameter **start** gibt an, ab welcher Position im String gesucht wird. In den Zeigern ***attrName** und ***attrValue** wird der gefundene Attribut-Name und -Wert gespeichert. Der Rückgabe-Wert ist die Position nach der gefundenen Stelle.

```
int getHtmlAttributes(const char *string, int start, char *attrNamem, char *attrValue);
```

17.4 Lösungen Teil 2

17.4.1 Mathematische Funktionen

Die Lösung zur Übung mathematische Funktionen.

```
#include<stdio.h>
#include<math.h>

int main() {

    float counter = 0, max=2*M_PI;

    while(counter <= max) {
        printf("sin(%.1f) = %.3f", counter, sin(counter));
        printf(" | cos(%.1f) = %.3f", counter, cos(counter));
        printf(" | tan(%.1f) = %.3f\n", counter, tan(counter));
        counter += 0.1;
    }

    return 0;
}
```

17.4.2 Umrechnung in Zahlensysteme

Eine Lösung zur Übung Umrechnung in Zahlensysteme.

```
#include<stdio.h>

int main() {

    int rest, number, sourceNumber, base;
    int result[10], r=0;

    // Daten einlesen
    printf("Gib eine Zahl ein: ");
    scanf("%d", &sourceNumber);

    printf("Gib die Ziel-Basis ein: ");
    scanf("%d", &base);

    if(base<2 || base>32) {
        printf("Basis liegt nicht zwischen 2 und 32\n");
        return 1;
    }

    // Berechnen
    number = sourceNumber;
    do {
        rest = number % base;
        number /=  base;
        // Resultat speichern
        result[r] = rest;
        r++;
    }while(number > 0);

    printf("( %d ) Basis 10  =  ( ", sourceNumber);

    // Resultat ausgeben
    do {
    r--;
    printf("%d ", result[r]);
    }while(r > 0);
```

```
    printf(") Basis %d\n", base);

    return 0;
}
```

17.5 Teil 3 Arrays

Hier sind Übungen im Zusammenhang mit Arrays zusammengestellt. Beim Lösen der Aufgaben könnte der alternative Array-Zugriff (Seite 66) hilfreich sein.

17.5.1 Array-Minimum

Es soll eine Funktion entwickelt werden, welche aus einem eindimensionalen **int**-Array den kleinsten Wert ermittelt. Der Prototyp dazu ist unten dargestellt. Eine übliche Vorgehensweise ist es, zunächst den ersten Wert des Feldes als Minimum anzusehen; danach werden alle weiteren Werte damit verglichen. Ist der Wert kleiner als das Minimum, wird der Minimum-Wert aktualisiert. Der Parameter ***x** ist der Zeiger auf das Array und **size** die Größe des Feldes. Rückgabewert ist das Minimum.

```
int arrayMin(int *x, int size);
```

17.5.2 Array-Zugriff

Schreibe eine Funktion, welche ein Feld beliebiger Größe über einen Zeiger mit Werten füllt. Die Werte können fortlaufend sein. Dazu soll eine zweite Funktion geschrieben werden, welche ein Feld beliebiger Größe und Dimension auf dem Bildschirm ausgibt. Wie an den Prototypen zu erkennen ist, handelt es sich um **int**-Felder, deren Größe in den Parametern **rows** und **cols** übergeben wird. Die Bildschirm-Ausgabe zeigt eine 3x3 Matrix.

```
1 2 3
4 5 6
7 8 9
```

```
void fillArray(int *x,int rows, int cols);

void printArray(int *x, int rows, int cols);
```

17.5.3 Array-Sort

Es ist eine Funktion zu schreiben, welche ein **int**-Array sortiert. Die enthaltenen Zahlen sollen der Größe nach angeordnet werden. Hilfreich dafür kann die Array-Minimum-Funktion sein. Diese sollte modifiziert werden, sodass sie nur den Index des Minimums eines bestimmten Bereichs des Arrays liefert. Zum Testen kann die Funktion **fillArray()** verwendet werden, welche derart abgeändert wird, sodass sie ein Feld mit Zufallszahlen (Seite 120) füllt. Hier nun die Prototypen der zu schreibenden Funktionen.

```
int arrayMinIndex(int *x, int start, int size);

void arraySort(int *x, int size);
```

17.5.4 Matrix-Addition

Eine Matrix wird beim Programmieren mit einem Array dargestellt. Bei der mathematischen Matrix-Addition müssen beide Matrizen die gleiche Größe haben (Spalten und Zeilen). Ein Wert aus der Matrix A wird mit dem Wert an der gleichen Position aus Matrix B addiert und an dieselbe Position der Ergebnis-Matrix geschrieben, siehe Beispiel-Ausgabe.

```
A            B
1 2 3         1 2 3
4 5 6         4 5 6
7 8 9         7 8 9

C
2 4 6
8 10 12
14 16 18
```

Schreibe eine Funktion, die 2 Matrizen addiert und das Ergebnis in eine dritte Matrix schreibt. Die Zeiger ***a** und ***b** im Prototyp sind die zu addierenden Matrizen, diese verweisen auf ein **int**-Array. Der Zeiger ***c** ist das Ergebnis-Array, ebenfalls vom Typ **int**. Die Parameter **rows** und **cols** geben die Größe der Arrays in Zeilen und Spalten an. Zum Testen sind die Funktionen **fillArray()** und **printArray()** aus der vergangenen Übung nützlich.

```
void matrixAdd(int *a, int *b, int *c, int rows, int cols);
```

17.6 Lösungen Arrays

17.6.1 Lösung Array-Minimum

Ein Lösungsvorschlag zur Aufgabe Array-Minimum.

```
#include<stdio.h>

/*
    Ermittle Minimum aus int-Array

    @author: www.c-howto.de
    @param *x: Zeiger auf eindimensionale int-Array
    @param size: Groesse des Feldes
    @return int: Minimum
*/
int arrayMin(int *x, int size) {
    int min=x[0], i;
    for(i=1; i<size; i++) {
        if(x[i] < min) {
            min = x[i];
        }
    }
    return min;
}

int main() {
    // Test
    int array[5] = { 5, 3, 5, 7, 1 };
    printf("%d\n", arrayMin(array, 5));
    return 0;
}
```

17.6.2 Lösung Array-Zugriff

Ein Lösungsvorschlag zur Aufgabe Array-Zugriff.

```
#include<stdio.h>

/*
    Fuellen aus Ausgeben von int-Arrays

    @author: www.c-howto.de
    @param *x: Zeiger auf int-Array
    @param rows: Zeilen des Feldes
    @param rows: Spalten des Feldes
*/

void fillArray(int *x,int rows, int cols) {
    int c=1, i, j;
    for(i=0; i<rows; i++) {
        for(j=0; j<cols; j++) {
        *(x+(i*cols)+j) = c;
        c++;
        }
    }
}

void printArray(int *x, int rows, int cols) {
    int i, j;
    printf("\n\n");
    for(i=0; i<rows; i++) {
        for(j=0; j<cols; j++) {
            printf(" %d",*(x+(i*cols)-j));
        }
        printf("\n");
    }
}

int  main() {
    // Test
    int a[3][2];
    fillArray(&a[0][0], 2, 3);
    printArray(&a[0][0], 2, 3);
    return 0;
}
```

```
1 2 3
4 5 6
```

17.6.3 Lösung Array-Sort

Ein Lösungsvorschlag zur Aufgabe Array-Sort.

```
#include<stdio.h>
#include<stdlib.h>
#include<time.h>

/*
    Sortieren eines int-Arrays

    @author: www.c-howto.de
    @param *x: Zeiger auf int-Array
    @param size: Groesse des Arrays
*/
void arraySort(int *x, int size) {
    int i, temp, minIndex;
    for(i=0; i<size-1; i++) {
        minIndex = arrayMinIndex(x, i, size);
        if(i != minIndex) {
        temp = x[i];
        x[i] = x[minIndex];
        x[minIndex] = temp;
        }
    }
}

/*
    Ermittle Index des Minimum-Wertes eines int-Arrays
    beginnend ab start bis zum Ende des Arrays

    @author: www.c-howto.de
    @param *x: Zeiger auf int-Array
    @param start: Startposition, ab der nach Minimum gesucht werden soll
    @param size: Groesse des Arrays
*/
int arrayMinIndex(int *x, int start, int size) {
    int minIndex=start, i;
    for(i=start; i<size; i++) {
        if(x[i] < x[minIndex]) {
            minIndex = i;
        }
    }
    return minIndex;
}

void fillArray(int *x,int rows, int cols) {
    srand(time(NULL));
    int c=1, i, j;
    for(i=0; i<rows; i++) {
        for(j=0; j<cols; j++) {
        *(x+(i*cols)+j) = rand() % 20;
        c++;
        }
    }
}

void printArray(int *x, int rows, int cols) {
    int i, j;
    printf("\n\n");
    for(i=0; i<rows; i++) {
        for(j=0; j<cols; j++) {
            printf(" %d",*(x+(i*cols)+j));
        }
        printf("\n");
    }
}
```

```
int  main() {
    // Test
    int a[5];
    fillArray(&a[0], 1, 5);
    printArray(&a[0], 1, 5);
    arraySort(&a[0], 5);
    printArray(&a[0], 1, 5);


    return 0;
}
```

17.6.4 Lösung Matrix-Addition

Ein Lösungsvorschlag zur Aufgabe Matrix-Addition.

```
#include<stdio.h>

// define Rows and Cols
#define ROWS 3
#define COLS 3

void fillArray(int *x,int rows, int cols);
void printArray(int *x, int rows, int cols);
int matrixAdd(int *a, int *b, int *c, int rows, int cols);

int  main() {
    // Test
    int a[ROWS][COLS], b[ROWS][COLS], c[ROWS][COLS];

    // Matrizen mit Werten füllen
    fillArray(&a[0][0], ROWS, COLS);
    fillArray(&b[0][0], ROWS, COLS);

    // Matrix A und B addieren und in Matrix C schreiben
    matrixAdd(&a[0][0], &b[0][0], &c[0][0], ROWS, COLS);

    // Ausgabe Matrizen
    printArray(&a[0][0], ROWS, COLS);
    printArray(&b[0][0], ROWS, COLS);
    printArray(&c[0][0], ROWS, COLS);

    return 0;
}


/*
    Matrix-Addition
    addiert Matrix a und b, Ergebnis wird in c gespeichert

    @author: www.c-howto.de
    @param *a: Zeiger auf int-Array
    @param *b: Zeiger auf int-Array
    @param *c: Zeiger auf int-Array
    @param rows: Zeilen der Felder
    @param rows: Spalten der Felder
*/
int matrixAdd(int *a, int *b, int *c, int rows, int cols) {
    int i, j;
    for(i=0; i<rows; i++) {
        for(j=0; j<cols; j++) {
            *(c+(i*cols)+j) = *(a+(i*cols)+j) + *(b+(i*cols)+j);
        }
        printf("\n");
    }
}

void fillArray(int *x,int rows, int cols) {
    int c=1, i, j;
    for(i=0; i<rows; i++) {
        for(j=0; j<cols; j++) {
        *(x+(i*cols)+j) = c;
        c++;
        }
    }
}
```

```
void printArray(int *x, int rows, int cols) {
    int i, j;
    printf("\n\n");
    for(i=0; i<rows; i++) {
        for(j=0; j<cols; j++) {
            printf(" %d",*(x+(i*cols)+j));
        }
        printf("\n");
    }
}
```

```
1 2 3
4 5 6
7 8 9


1 2 3
4 5 6
7 8 9


2 4 6
8 10 12
14 16 18
```

17.7 Teil 4 Spiel Snake

In dieser Aufgabe soll das bekannte Spiel Snake entwickelt werden. Wir wollen dies in der Konsole mit Textausgaben ohne weitere grafische Mittel realisieren. Die Schlange kann mit Sternchen gezeichnet werden, wobei der Kopf ein großes **O** ist. Im ersten Schritt soll die Schlange mit den Tasten W, A, S, D bewegt werden können, wobei der Schwanz nicht mitbewegt wird. Die Schlange wird also automatisch länger. In der Bildschirm-Ausgabe ist ein Beispiel-Zug zu sehen. Bei Grenzüberschreitungen landet die Schlange auf der anderen Seite. Das Spielfeld wird mit den Strichen **-** und **|** markiert. Die Taste X beendet das Programm.

```
|------------------------------------------------------------|
|                                                            |
|                                                            |
|                                                            |
|                                                            |
|                      *******************                   |
|                      *                 *                   |
|                      *   ***********   *                   |
|                      *   *         *   *                   |
|                      *   *         *   *                   |
|                      *   *   *******   *                   |
|        O             *   *             *                   |
|        *             *   *             *                   |
|        *             *   ***************                   |
|        *             *                                     |
|        *             *                                     |
|*********             **************************************|
|                                                            |
|                                                            |
|                                                            |
|                                                            |
|------------------------------------------------------------|
```

Für die Programmierung des Spiels gibt es eine Vorlage (Seite 134), die verwendet werden sollte. Normalerweise muss jede Tasteneingabe mit ENTER bestätigt werden, dies wäre bei solch einem Spiel sehr hinderlich. Die Vorlage enthält deshalb schon eine Lösung für dieses Problem. Vor dem Einlesen der Zeichen sollte die Funktion **tty_break()** aufgerufen werden, dann wird nach einem **getchar()** kein ENTER mehr benötigt. **Die Programm-Vorlage und Musterlösung funktionieren nur unter Linux. Sie sind nicht kompatibel zu dem hier vorgestellten Windows-Compiler.** Die zu implementierenden Funktion sind in der Vorlage mit einem Kommentar gekennzeichnet. Konkret sind dies im ersten Schritt diese Funktionen:

- Spielfeld löschen
- Spielfeld ausgeben
- Spielfigur setzen (Kopf, Schwanz, Essen)
- Spielfigur bewegen (Tasten W, A, S, D verarbeiten)

Das Spielfeld wird in einem Integer-Feld gespeichert, wobei eine bestimmte Zahl stellvertretend für eine Spielfigur bzw. Feldzustand ist. Diese Zustände werden über symbolische Konstanten organisiert, um die Lesbarkeit des Programms zu erhöhen. Hier die Feldzustände:

- BLANK 0, Feld ist leer
- HEAD 1, Kopf der Schlange
- TAIL 2, Schwanz der Schlange
- FOOD 9, Essen für die Schlange (im ersten Schritt nicht relevant)

Gleiches gilt für die Tasten zum Bewegen der Schlange. Hier werden die ASCII-Codes der Steuerungs-Tasten gespeichert:

- KEY_MOVE_UP 119, Taste W
- KEY_MOVE_LEFT 97, Taste A
- KEY_MOVE_DOWN 115, Taste S
- KEY_MOVE_RIGHT 100, Taste D

Die Feldgröße wird ebenfalls über Konstanten definiert. Dies ermöglicht eine einfache Veränderung der Spielfeldgröße.

- WIDTH 60
- HEIGHT 20

Über die globalen Variablen **field** und **pos** wird das Spielfeld und die Position des Schlangenkopfes gespeichert. Da das Feld global definiert ist, ist darauf ein einfacher Zugriff von allen Funktionen aus möglich. Mit dem Programmieren kann nun begonnen werden. In der Vorlage (Seite 134) ist lediglich das Beenden des Programms mit X implementiert.

Erweiterungen

Hat man die Grundversion des Spiels programmiert, gibt es noch viele Möglichkeiten das Spiel zu erweitern.

- Schwanz: Bisher bleibt der Schwanz unverändert. In einer Erweiterung kann der Schwanz mit der Schlange bewegt werden, sodass diese sich nicht automatisch verlängert.
- Überlappungen: Bisher kann die Schlange sich selbst überlappen. Im normalen Snake-Spiel darf sich die Schlange nicht selbst berühren.
- Essen: Mit der symbolischen Konstante **FOOD** kann Essen auf dem Spielfeld verteilt werden, welches die Schlange einsammeln bzw. essen kann. Die Schlange wird dadurch länger.

17.7.1 Vorlage

Die Programm-Vorlage für die Entwicklung des Konsolen-Spiels Snake.

```
/*
    Snake, Console Game TEMPLATE!

    Linux-System required!

    @author: www.c-howto.de
*/

#include<stdio.h>
#include<termio.h>
#define BLANK 0
#define HEAD 1
#define TAIL 2
#define FOOD 9
#define KEY_MOVE_UP 119
#define KEY_MOVE_LEFT 97
#define KEY_MOVE_DOWN 115
#define KEY_MOVE_RIGHT 100
#define WIDTH 60
#define HEIGHT 20
#define DEBUG 0

struct position {
    int x;
    int y;
} pos;

int field[WIDTH][HEIGHT];

static struct termio savemodes;
static int havemodes = 0;

int tty_break();
int tty_getchar();
int tty_fix();

void resetField();
void printField();
void setItem(int, int, int);
void move(int);


int main () {
    int key;
    resetField();

    // Startposition
    pos.x=WIDTH/2;
    pos.y=HEIGHT/2;
    setItem(pos.x, pos.y, HEAD);
    tty_break();

    while(key!='x') {
        printField();
        key=tty_getchar();
        move(key);
        if(DEBUG) {
            printf(" %d %c |", key);
        }
    }

    printf("\n\n");
    return 0;
```

```
}

void move(int key) {
    // zu implementieren, to implement
}

void setItem(int x, int y, int item) {
    // zu implementieren, to implement
}

void resetField() {
    // zu implementieren, to implement
}

void printField() {
    // zu implementieren, to implement
}

int tty_break() {
    struct termio modmodes;
    if(ioctl(fileno(stdin), TCGETA, &savemodes) < 0)
        return -1;
    havemodes = 1;
    modmodes = savemodes;
    modmodes.c_lflag &= ~ICANON;
    modmodes.c_cc[VMIN] = 1;
    modmodes.c_cc[VTIME] = 0;
    return ioctl(fileno(stdin), TCSETAW, &modmodes);
}

int tty_getchar() {
    return getchar();
}

int tty_fix() {
    if(!havemodes)
        return 0;
    return ioctl(fileno(stdin), TCSETAW, &savemodes);
}
```

17.7.2 Lösung

Ein Lösungsvorschlag zur Aufgabe Snake, Konsolen-Spiel.

```
/*
    Snake, Console Game

    move the snake with w, a, s, d
    terminate with x

    Linux-System required!

    @author: www.c-howto.de
*/

#include<stdio.h>
#include<termio.h>
#define BLANK 0
#define HEAD 1
#define TAIL 2
#define FOOD 9
#define KEY_MOVE_UP 119
#define KEY_MOVE_LEFT 97
#define KEY_MOVE_DOWN 115
#define KEY_MOVE_RIGHT 100
#define WIDTH 60
#define HEIGHT 20
#define DEBUG 0

struct position {
    int x;
    int y;
} pos;

int field[WIDTH][HEIGHT];

static struct termio savemodes;
static int havemodes = 0;
int tty_break();
int tty_getchar();
int tty_fix();

void resetField();
void printField();
void setItem(int, int, int);
void move(int);

int main () {
    int key;
    resetField();

    pos.x=WIDTH/2;
    pos.y=HEIGHT/2;
    setItem(pos.x, pos.y, HEAD);
    tty_break();

    while(key!='x') {
        printField();
        key=tty_getchar();
        move(key);
        if(DEBUG) {
            printf(" %d %c |", key);
        }
    }

    printf("\n\n");
    return 0;
```

```
}

void move(int key) {

    setItem(pos.x, pos.y, TAIL);
    switch(key) {
        case KEY_MOVE_UP: pos.y--; break;
        case KEY_MOVE_LEFT: pos.x--; break;
        case KEY_MOVE_DOWN: pos.y++; break;
        case KEY_MOVE_RIGHT: pos.x++; break;
    }

    if(pos.y >= HEIGHT) pos.y=0;
    if(pos.y < 0) pos.y=HEIGHT-1;
    if(pos.x >= WIDTH) pos.x=0;
    if(pos.x < 0) pos.x=WIDTH-1;

    setItem(pos.x, pos.y, HEAD);
}

void setItem(int x, int y, int item) {
    field[x][y] = item;
}

void resetField() {
    int i,j;
    for(i=0;i<HEIGHT;i++) {
        for(j=0;j<WIDTH;j++) {
            field[i][j] = BLANK;
        }
    }
}

void printField() {
    //clear screen
    fprintf(stdout, "\033[2J");
    fprintf(stdout, "\033[1;1H");

    int i,j,x;
    for(i=0;i<HEIGHT+2;i++) {
        printf("\n");
        printf("|");
        for(j=0;j<WIDTH;j++) {
            if(i==0 || i==HEIGHT+1)  {
                printf("-");
            }
            else {
                x = field[j][i];
                switch(x) {
                case BLANK: printf(" "); break;
                case TAIL: printf("*"); break;
                case HEAD: printf("O"); break;
                }
            }
        }
        printf("|");
    }

    // print debug things
    if(DEBUG) {
        printf("\n\nX: %3d   Y: %3d", pos.x, pos.y);
        printf("\n\ni: %3d   j: %3d", i, j);
    }
}

int tty_break() {
    struct termio modmodes;
    if(ioctl(fileno(stdin), TCGETA, &savemodes) < 0)
```

```
        return -1;
    havemodes = 1;
    modmodes = savemodes;
    modmodes.c_lflag &= ~ICANON;
    modmodes.c_cc[VMIN] = 1;
    modmodes.c_cc[VTIME] = 0;
    return ioctl(fileno(stdin), TCSETAW, &modmodes);
}

int tty_getchar() {
    return getchar();
}

int tty_fix() {
    if(!havemodes)
        return 0;
    return ioctl(fileno(stdin), TCSETAW, &savemodes);
}
```

18 Anhang

18.1 ASCII Tabelle

Scan-code	ASCII hex	ASCII dez	Zeichen	Scan-code	ASCII hex	ASCII dez	Zeichen	Scan-code	ASCII hex	ASCII dez	Zeichen	Scan-code	ASCII hex	ASCII dez	Zeichen
	00	0	NUL		20	32	SP		40	64	@	0D	60	96	`
	01	1	SOH ^A	02	21	33	!	1E	41	65	A	1E	61	97	a
	02	2	STX ^B	03	22	34	"	30	42	66	B	30	62	98	b
	03	3	ETX ^C	29	23	35	#	2E	43	67	C	2E	63	99	c
	04	4	EOT ^D	05	24	36	$	20	44	68	D	20	64	100	d
	05	5	ENQ ^E	06	25	37	%	12	45	69	E	12	65	101	e
	06	6	ACK ^F	07	26	38	&	21	46	70	F	21	66	102	f
	07	7	BEL ^G	0D	27	39	'	22	47	71	G	22	67	103	g
0E	08	8	BS ^H	09	28	40	(	23	48	72	H	23	68	104	h
0F	09	9	TAB ^I	0A	29	41	)	17	49	73	I	17	69	105	i
	0A	10	LF ^J	1B	2A	42	*	24	4A	74	J	24	6A	106	j
	0B	11	VT ^K	1B	2B	43	+	25	4B	75	K	25	6B	107	k
	0C	12	FF ^L	33	2C	44	,	26	4C	76	L	26	6C	108	l
1C	0D	13	CR ^M	35	2D	45	-	32	4D	77	M	32	6D	109	m
	0E	14	SO ^N	34	2E	46	.	31	4E	78	N	31	6E	110	n
	0F	15	SI ^O	08	2F	47	/	18	4F	79	O	18	6F	111	o
	10	16	DLE ^P	0B	30	48	0	19	50	80	P	19	70	112	p
	11	17	DC1 ^Q	02	31	49	1	10	51	81	Q	10	71	113	q
	12	18	DC2 ^R	03	32	50	2	13	52	82	R	13	72	114	r
	13	19	DC3 ^S	04	33	51	3	1F	53	83	S	1F	73	115	s
	14	20	DC4 ^T	05	34	52	4	14	54	84	T	14	74	116	t
	15	21	NAK ^U	06	35	53	5	16	55	85	U	16	75	117	u
	16	22	SYN ^V	07	36	54	6	2F	56	86	V	2F	76	118	v
	17	23	ETB ^W	08	37	55	7	11	57	87	W	11	77	119	w
	18	24	CAN ^X	09	38	56	8	2D	58	88	X	2D	78	120	x
	19	25	EM ^Y	0A	39	57	9	2C	59	89	Y	2C	79	121	y
	1A	26	SUB ^Z	34	3A	58	:	15	5A	90	Z	15	7A	122	z
01	1B	27	Esc	33	3B	59	;		5B	91	[		7B	123	{
	1C	28	FS	2B	3C	60	<		5C	92	\		7C	124	|
	1D	29	GS	0B	3D	61	=		5D	93	]		7D	125	}
	1E	30	RS	2B	3E	62	>	29	5E	94	^		7E	126	~
	1F	31	US	0C	3F	63	?	35	5F	95	_	53	7F	127	DEL

18.2 Schlüsselwörter

Die Schlüsselwörter der Programmiersprache C.

- asm
- auto
- break
- case
- char
- const
- continue
- default
- do
- double
- else
- enum
- extern
- float
- for
- goto
- if
- int
- long
- register
- return
- short
- signed
- sizeof
- static
- struct
- switch
- typedef
- union
- unsigned
- void
- volatile
- while

19 Abbildungsverzeichnis

20 Literaturverzeichnis

Für die Erstellung dieser Arbeit wurden Informationen über diese Webseiten eingeholt:

- http://de.wikipedia.org
- http://wwwuser.gwdg.de/~kboehm/ebook/inhalt.html
- http://www.cprogramming.com/tutorial/cpreprocessor.html

21 Stichwortverzeichnis